인체기행으로 하늘나라간다

김홍찬 · 김원숙 저

한국상담심리연구원

김군의 마음, 인체편

인체 기행으로 하늘나라에 간다

1판 1쇄 인쇄일 2018년 2월 19일
지은이 김홍찬 · 김원숙
발행인 김홍찬
펴낸곳 한국상담심리연구원
(www.kcounseling.com)
03767 서울시 서대문구 신촌로 215-2 전진빌딩3층
☎ 02)364-0413   FAX 02)362-6152
출판등록 제2-3041호(2000년 3월 20일)
값 15,000원
ISBN 978-89-89171-22-5

인체 기행으로
하늘 나라에 간다

중국 강서성에는 여산이라는 큰 산이 있다. 여산은 아름답고 신비로운 산으로 많은 문인이 여산을 보고 감탄하면서 시를 읊었다. 송나라의 문인 소동파는 이 산을 유람하면서 여산의 아름다움과 신비로움에 매료되어 '여산진면목(廬山眞面目)' 이라는 말을 하면서 여산의 참모습을 알고 싶어했다. 나도 그와 같은 심정으로 인체의 진면목을 알고 싶었다.

내가 알고자 하는 인체의 진면목은 의사나 생물학자가 보고자 하는 자연과학적 지식이 아니라 영적 의미이다. 왜 이런 생각을 갖게 되었는가 하면 성경 곳곳에는 천국이나 마음의 상태를 설명하기 위해 인체를 언급하였으며 성경에서 말하는 인체는 생물학적인 면이 아니라 영적 의미이기 때문이다.

인체의 진면목을 알기 위해서는 인체의 각기관이 어떤 방식으로 기능하는지와 서로 어떻게 협력하는지 또한 그것이 영적으로 무엇을 의미하는지를 알아야 한다.

우리는 왜 인체의 영적 의미를 알아야만 하는가? 그 이유는 주님은 천국의 진리를 가르치실 때 주로 인체에 빗대어 말씀하셨으며, 바울은 "몸은 그리스도의 지체이며 우리는 몸의 지체" 라고 말하였기 때문이다(고전6:15, 엡5:30).

그러므로 우리가 인체의 의미를 알아야 하는 첫째 이유는 인체는 이후에 가야할 저세상의 의미와 상태를 알려주기 때문이다. 이런 사실만 알아도 가슴 벅찬 일이다. 몸은 부분과 부분이 모여서 전체를 이루고 그 전체는 서로 협력해 가면서 통일을 이루어 전체가 하나인 것처럼 움직인다. 전체는 부분의 합보다 크다. 고로 몸의 전체는 각 부분이 기능하는 것보다 훨씬 위대하다.

흔히 사람의 몸을 소우주라고 하는데 그만큼 몸 자체는 너무나 신비롭고 광대하며 두려울 정도로 정교하고 세밀하다. 그래서 현대 과학으로 사람의 몸을 분석하고 연구해도 그 신비를 풀 수가 없다. 사람의 몸은 하나님 지혜의 총결정체이기 때문에 제한된 인간의 지식으로는 절대로 그 신비를 알 수가 없다.

사람의 몸을 관찰하면 몸이 그리스도의 지체라는 말에 대해 실감하며 탄복하지 않을 수가 없다. 인체를 자세하게 살펴보면 주님께서 각 기관을 어떻게 운영하시고 어떻게 선용을 이루어 가시는가를 알 수 있다.

또한 몸의 각 지체는 자연세계와 정확하게 일치하여 조화를 이룬다. 예를 들면 허파는 외부 공기의 압력과 일치되어 있으므로 공기를 들이마시고 내뿜을 수 있도록 되어 있으며 눈은 빛과 일치를 이루어 외부 광경을 볼 수 있도록 되어 있다.

몸 안의 각 기관은 독립적으로 존재하는 것이 아니라 서로 협력해 나간다. 이는 사람에게 교훈하는 바가 크다. 사람도 역시 인체의 기능처럼 돕고 협력하는 관계를 유지하고 살아야만 인생을 제대로 잘 살았다고 말할 수 있다. 그러므로 몸은 개별적으로 인간이 살아가는 방식을 의미한다. 인체라는 시스템은 자체 질서가 있고 외부 환경에 잘 적응하도록 만들어졌으며 또한 몸을 이끄는 생각의 기능이 있다는 것은 신비중의 신비이다.

나는 책의 제목을 '인체 기행으로 하늘나라에 간다' 고 했다.

나는 인체의 부분에 아로새겨진 영적 의미를 이해하고, 그 의미에 맞는 질서대로 살아간다면 반드시 하늘나라에 도달할 것이라고 확신한다. 그 이유는 인체는 거대한 소우주이며 천국의 모형이자 축소판이기 때문이다. 고로 인체에는 천국 원리가 존재하며 유기적인 시스템이 존재한다. 예컨대, 심장은 피를 공급해주고 폐는 심장이 그 일을 원활하게 하도록 공기를 주입해 준다. 둘은 뗄레야 뗄 수없는 관계이다. 이를 영적인 의미로 보자면 심장은 사랑이며 폐는 믿음을 의미하고 피는 진리를 말한다. 다시 이를 풀어서 설명하면 사랑은 쉬지 않고 박동하며, 믿음은 사랑을 위해 노력하며 진리를 삶에 배분한다. 결국 이렇게 본다면 인체는 사랑과 믿음, 진리가 원리로써 작동하고 있는 것이다. 주님께서 천국은 너희 안에 있다고 하신 말씀이 이해된다.

인체의 형체는 하늘의 생명을 담는 형체이다. 몸이 영혼을 담는 그릇이라는 사실은 모두들 알고 있지만 영혼을 담을 수 있다니 너무나 신비롭지 않은가? 무언가를 담기 위해서는 형체 없이는 불가능하다. 꽃의 본질적 아름다움을 드러내기 위해서는 꽃의 형체가 있어야 하고 나무의 열매를 드러내기 위해서는 나무의 형체가 있어야 하고 생각을 말로 표현하기 위해서는 혀가 있어야 한다. 마찬가지로 마음은 제스쳐, 표정, 언어로써 자신을 외부로 드러난다. 이렇게 보이지 않는 세계를 드러내고 밝히 보여주는 것은 눈에 보이는 형체이다. 사람들이 형체를 보면서 아름답다고 하거나 보기 흉하다고 하는 것은 형체 속에 들어 있는 내용물을 인식하기 때문이다.

그래서 천사의 모습을 아기의 모습으로 표현하거나 악한 자를 괴물로 표현하는 것이다. 그러므로 진정 사람이 되려면 하늘의 질서에 일치하게 진리에 의한 형체가 있어야 한다.

사람의 인체 외부로는 손과 발, 팔, 머리, 얼굴 등이 있으며 내부로는 심장과 폐, 피 등이 있다. 이 모든 것이 전체로서 한 사람을 이룬다. 이렇게 부분과 부분이 합쳐져서 한 사람을 이루는데 천국도 이와 같다.

나는 '김군의 마음' 시리즈 인체편을 5번째로 내게 되었는데, 이 책을 내는 나의 마음은 야곱의 심정과 비슷하다. 야곱이 집을 떠나 여행중에 노숙하게 되었을 때, 주변의 돌을 가지고 베개를 하며 밤을 지새웠다. 그는 꿈에 천사들이 하늘에서 오르락 내리락 하는 광경을 목격했다. 그는 잠이 깨어서 '과연 이곳이 하늘의 문'이라고 감탄하면서 자신이 베개하였던 돌의 머리에 기름을 붓고 하나님께 서원을 하였다. 진실된 마음으로 주님의 섭리를 기대하는 것이다. 야곱의 이런 장면을 묵상하면서 깊은 희열과 함께 이런 장면이 나의 삶의 어느 부분에 해당하는 지를 생각했다.

돌이켜보면, 나는 홍수같이 물밀듯이 밀려오는 시험과 메마르고 거친 가시덤불속에서 나자신이 깨지고 부숴지는 독한 경험을 했다. 그리고 절망속에서 주님의 섭리를 경험했다. 아직도 내게는 그 여파에 심사가 고통스럽고 메마르고 힘들지만 내 영혼의 목적은 분명 하늘나라에 더 가까와졌다. 시간이 지나면서 나는 조금씩 하늘이 열리면서 위로부터 주시는 진리를 접하게 되었고 이로인해 큰 희망을 갖게 되었다. 사실 은혜의 경험을 해본 분들은 익숙하게 알듯이 은혜는 하늘의 소망과 기쁨과 희열만 주어지는 게 아니다. 자신의 부족함으로 인한 죄책감과 후회가 더불어

같이 온다. 많이 경험해 보았을 것이다. 내게도 그런 것이 떠올랐다. "아! 그때 내가 정신을 차리고 다르게 행동했었더라면!" 하는 과거의 후회감이 밀려왔다. 그런 오만가지 생각은 나자신에 대해 화가 나게 하기도 하고 스스로 낙심하게 만들었다.

그러나 그것조차도 주님께서 내게 주시는 거듭남의 선물과 함께 주시는 부수러기와 같다. 내가 알기로 아주 어두워진 심령들은 후회나 회개조차 떠오르지 않을 것이기 때문이다. 이거저거 모두다 종합해서 지나온 모든 일이 주님의 자비이며 은혜라고 여기는 이유는 모든 것이 합력해서 선을 이룰 것을 믿기 때문이다.

나는 나이들면서 제2의 신생의 경험을 하는 중이다. 그 증거로 나는 영적 진리를 조금씩 알게 되는 눈을 갖게 되었고, 요한 웨슬레의 말처럼 의도의 순수성으로 진리를 사랑하게 된 것이다.

나는 시간이 허락되는 대로 컴퓨터 앞에 앉아서 '김군의 마음' 책을 집필했다. 그간 출간된 '김군의 마음' 책을 보고 어떤 이는 너무도 감격하여 큰 깨달음을 얻고는 나보고 오래 살아서 이 지식을 전해 달라고 하는 분도 계셨으며, 어떤 목사님은 책을 읽고 그 자리에서 울면서 회개를 했다고 내게 말해 주었다. 또 어느 신실한 분은 이 책으로 그룹을 인도하는데 영적, 정서적 절망과 고통 중에 있는 분들이 그에게 찾아와서 변화와 치유가 일어난다고 내게 말해 주었다. 여수에 계신 신실한 분은 매번 새로운 책이 나올 때마다 대량으로 책을 구입하여 지인들에게 나눠주면서 전도를 한다. 모두 이 책에 있는 순수 진리를 보고 감동한 분들이다.

 그런 말을 들을 때 내 마음에서 뭉클하는 떨림과 큰 기쁨이 넘친다. 영혼의 변화에 관한 말을 듣는 것보다 더한 기쁨이 있을까? 이런 분들의 고백은 내게 큰 위로와 용기를 주어, 나로 하여금 사명감을 갖고 쉬지 않고 집필하도록 하는 불소시개가 되었고, 내게는 삶의 희망을 주었다. 그러나 그렇지 못한 사람도 있다. 그런 자들은 이 책의 내용을 받아들일만한 유연함이 없고 교만과 더불어 고집만 남아서 진리를 받아들이기 앞서서 비판부터 하려고 하였다. 진리에 대한 태도가 얼마나 대조적인가? 나는 그런 자의 모습을 보면서 주님께서 하신 말씀 중에 저들이 진리를 받아들이지 않는 것은 자신의 악이 드러날 것이 두려워하기 때문이라는 말씀을 실감했다. 그러나 순수한 마음으로 진리를 찾고자 하는 이들은 이 책이 밭에 숨겨진 보화와 같다. 내가 이 책을 자랑하는 것이 아니라 진리의 내용을 두고 하는 말이다.

이 책은 흥미있거나 재미있는 책은 아니다. 또한 쉽게 읽혀져서 진도가 나가지도 않는다. 그렇지만 어느 분의 말대로 이 책은 읽으면서 기존의 고정된 사상이 허물어지고 새롭게 진리에 대해 눈을 뜨게 하는 책이다. 내가 아는 어느 분은 내게 말하기를 이 책은 돈주고 사봐야할 책이라고 말해 주었는데, 듣기에 좋은 말이다.

이 책의 저자는 김홍찬, 김원숙이다. 그와 공동 저자가 되어 기쁘다. 김원숙 박사는 오랫동안 사회복지사로써 영혼을 돌보며 신실하게 그 일을 감당해 왔는데, 이제는 영적 진리의 눈을 뜨고 선한 일을 위해 함께 하는 동역자가 되었다. 앞으로 그의 사역에 선한 열매가 주목된다.

이 책을 읽고 그대로 살고자 하는 분들에게 주님의 복이 함께 하기를 기원한다. 이 귀한 진리를 주신 최고의 스승님께 감사를 드린다.

김홍찬(Ph.D)

목차

서문

제1부 인체 외부편

제1부
인체 외부편

가슴을 만나다

-사랑의 교류-

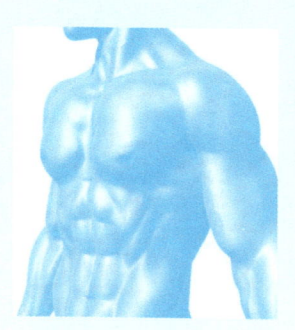

가슴은 심장과 허파가 있는 부분을 말한다. 심장은 보통 와이셔츠 위에서 세 번째 단추 왼쪽이 심장 중심인데 왼쪽 젖꼭지 아래서 심장의 박동을 느낄 수 있다. 속담에 손톱 밑 가시든 줄은 알아도 염통 쉬스는 것은 모른다는 말이 있는데 이는 여간 다치지 않고서는 심장의 느낌이 없다는 말이다. 가슴 안에 있는 심장과 허파는 단단한 뼈의 보호를 받고 있는데 심장이 멈추면 곧 죽음을 맞이한다. 독일 격언에 손은 차가워야하고 심장은 더워야 한다는 말이 있는데 이 말은 냉철하면서 인정이 넘치는 따뜻한 마음을 가져야 한다는 뜻이다.

나는 가슴에게 다가가서 말하기를 "나는 마음속 인체의 세계를 다니며 진리를 배우고 있습니다. 가슴은 무엇을 의미하나요?"

가슴은 "주님의 제자 요한이 만찬 자리에서 예수의 가슴에 기대었습다. 우리는 흔히 그를 말할 때 사랑의 사도라고 부릅니다. 예수의 가슴은 신성한 사랑입니다."

나는 "요한은 주님의 사랑을 많이 받았군요."

가슴은 "요한은 이렇게 설교합니다. 사랑하는 자들아! 사랑하는 사람은 하나님 안에 있고 하나님은 그 사람 안에 거주하신다."

나는 "그러면 주님의 가슴에 기대는 것은 무엇을 의미하나요?"

가슴은 "주님의 가슴에 기대는 것은 사랑의 교류를 말합니다. 주님은 모든 인간을 사랑하시지만 주님의 가슴에 기대는 자를 사랑하십니다. 가슴에 기대는 것은 그분의 사랑을 수용하는 것입니다. 그분의 사랑을 수용하는 자가 주님의 제자입니다."

나는 "주님의 사랑을 받아들이지 않는 자들도 있는데요."

가슴은 "주님께서 그런 자들에 대해 아이들이 장터에 앉아 소리 지르며 피리를 불어도 춤추지 않았고 곡을 하여도 가슴을 치지 않았다고 말씀하셨습니다." (마11:16-17).

나는 "아이들이 소리를 지른다고요?"

가슴은 "아이들은 순수한 상태를 의미합니다. 순수한 원리는 인간을 거듭나도록 소리를 지르며 친구를 찾습니다."

나는 "그러니까 순수가 부른다는 말이군요?"

가슴은 "순수는 자아의 이기심이 덜 고착된 마음을 향해 소리를 지릅니다. 순수는 이기심으로 굳어진 마음을 향해서는 호소하지 않습니다."

나는 "마음이 경직되지 않으면 아이의 친구가 될 수 있나요?"

가슴은 "아이의 친구는 마음밭이 부드러워야만 됩니다. 부드러운 밭에 진리의 씨가 심겨질 수 있기 때문입니다."

나는 "그렇군요. 그러면 장터는 무엇을 말하나요?"

가슴은 "장터는 물건을 사고팔거나 교환하는 장소입니다. 장터는 영적 삶의 필요를 조달하는 장소를 말합니다."

나는 "영적 장터이군요. 장터에서 무슨 거래를 하나요?"

가슴은 "주님께서 청년에게 말씀하시기를 네가 완전한 사람이 되려거든 가서 너의 재산을 다 팔라고 하셨고, 계시록에는 너는 나에게서 불로 단련된 금을 사서 부자가 되고 내게서 흰옷을 사서 입으라고 하셨습니다. 주님은 영적 거래를 원하십니다."

나는 "그러니까 거래하는 마음 상태가 영적 장터인가요?"

가슴은 "사람들이 장터에서 원하는 물건을 구하듯이, 영적장터에서는 이성을 활용해서 진리를 얻습니다."

나는 "아이들이 장터에 앉음은 무엇을 말하나요?"

가슴은 "아이들이 장터에 앉아 있는 모습은 순수한 원리가 삶의 변화에 적응할 준비가 되었음을 의미합니다."

나는 "어떻게 해야 삶의 변화에 적응할 수 있나요?"

가슴은 "의지가 거듭나기위해서는 순수가 있어야 합니다. 주님은 거듭난 자와 함께 하시기 때문입니다."

나는 "아! 그렇군요. 놀랍습니다."

가슴은 "주님은 인간들이 거짓과 악을 구매하지 말고 천국에 신령한 것을 구매하라고 촉구하십니다. 너희 목마른 자들아, 오너라. 여기에 물이 있다. 너희 먹을 것 없는 자들아, 돈없이 양식을 사서 먹어라. 값없이 포도주와 젖을 사서 마셔라. 그런데 어찌하여 돈을 써 가며 양식도 못되는 것을 얻으려 하느냐? 애써 번 돈을 배부르게도 못하는데 써 버리느냐? 들어라, 나의 말을 들어보아라. 맛 좋은 음식을 먹으며 기름진 것을 푸짐하게 먹으리라. 귀를 기울이고 나에게로 오너라. 나의 말을 들어라. 너희 영혼이 살리라." (사55:1-3).

나는 "아이들은 어디를 향해 호소하나요?"

가슴은 "아이들은 의지와 이해에 호소합니다."

나는 "피리를 불어도 춤추지 않았다고 했는데요?"

가슴은 "피리 부는 것은 주님 사랑을 추구하는 것이고 춤추는 것은 기쁘게 응답하는 것입니다. 그러니까 순수한 마음의 의지로 선을 받아들이고 이해로 진리를 받아들여 즐거워하라는 의미입니다."

나는 "곡을 하여도 가슴을 치지 않았다는 의미는?"

가슴은 "인간이 자신의 죄악된 모습을 보고 회개하는 마음을 가지지 않았음을 말합니다. 이 말은 악에 깊이 빠진 자들에 대한 경고입니다."

나는 "가슴을 친다는 것은 무슨 뜻인가요?"

가슴은 "죄를 깊이 뉘우치는 겸손의 행위입니다."

나는 "왜 우리가 죄를 가슴을 치며 뉘우쳐야 하나요?"

가슴은 "천국에 들어가기 위해서입니다. 주님은 우리에게 천국

안에 들어가기 위해서 무엇을 해야 되는지를 가르쳐 주셨습니다. 그것은 본성대로 살던 것을 멈춰야 합니다. 회개는 본성적 악을 제거하는 것을 말합니다."

나는 "많은 사람이 자기의 본성에 충실하여 쾌락에 몰두하고 즐기기 위해 살아갑니다. 이들이 이런 본성적 삶을 멈추지 않으면 이후에 지옥에 있겠군요. 무섭습니다. 타인은 모르지만 나자신이 먼저 본성적인 삶을 멈추고 회개하도록 노력하겠습니다."

가슴은 "회개하는 자에게는 두 가지가 따라 옵니다. 첫째는 주님이 함께 하는 것이고 둘째는 주님의 영광을 보는 것입니다. 주님은 이렇게 기도하셨습니다. 아버지! 아버지께서 나에게 맡기신 사람들을 내가 있는 곳에 함께 있게 하여주시고 아버지께서 천지창조 이전부터 나를 사랑하셔서 나에게 주신 영광을 그들도 볼 수 있게 하여 주십시오." (마13:24).

나는 "가슴은 어떤 원리를 말합니까?"

가슴은 "머리는 삶의 가장 높은 가치인 주님 사랑의 원리이고, 머리 아래에 위치한 가슴은 이웃 사랑의 원리를 말합니다."

나는 "이웃 사랑의 원리?"

가슴은 "이웃 사랑의 원리는 이렇습니다. 네가 이방 나라들의 젖을 빨며 뭇 왕의 젖을 빨고 나 여호와는 네 구원자, 네 구속자, 야곱의 전능자인 줄 알리라고 했습니다. 이방나라의 젖을 빨고 왕의 가슴을 빠는 것은 진리로 훈육되어 선이 공급되는 것을 의미합니다."

나는 "아! 그렇다면 가슴은 진리의 훈육을 의미하나요?"

가슴은 "가슴은 온몸에 영양분을 공급하는 중심지입니다. 이를 두고 흔히 젖줄이라고 합니다. 젖먹이들은 어머니의 가슴에서 젖을 먹습니다. 영적으로 사랑을 공급받는 것을 의미합니다. 그래서 성경에는 유방이 뚜렷하다고 하였습니다."(겔16:7).

나는 "유방이 뚜렷하다고요?"

가슴은 "유방이 뚜렷하다는 말은 사랑에 변함이 없다는 뜻입니다. 유방이 눌리며 처녀의 가슴이 어루만져졌다는 말씀이 있는데, 사랑이 왜곡되고 진리가 변질되었다는 뜻입니다."(겔23:3).

나는 "유방 사이에서 음행을 제하게 하라는 말씀은?"(호2:2).

가슴은 "유방 사이에서 음행한다는 말은 진리에 대한 사랑이 악한 거짓과 섞여서 변질되었다는 뜻입니다."

나는 "그러면 젖 없는 메마른 가슴은 무슨 뜻인가요?" (호9:14).

가슴은 "진리에 대한 사랑이 없음을 의미합니다."

나는 "어느 여자가 주님께 외치기를, 당신을 낳은 자궁, 당신에게 젖을 물린 젖가슴은 복 있다고 외쳤을 때 주님께서는 그 말을 듣고 하나님의 말씀을 듣고 준행한 자가 더 복 있다고 하셨습니다."

가슴은 "복된 자궁, 복된 젖가슴이 무엇을 의미하는지는 주님께서 말씀하셨습니다. 진리를 듣고 준행하는 것입니다." (눅11:27-28).

나는 "요한이 본 환상 중에 촛대 사이에 인자 같은 이가 발에 끌리는 옷을 입고 가슴에 금띠를 띠었다고 했습니다."

가슴은 "발에 끌리는 옷을 입었다고 했는데 옷은 진리를 의미합니다. 또 가슴에 금띠를 띠었다는 뜻은 진리와 선이 결합함을 의미합니다. 띠는 둘사이를 하나되도록 묶습니다. 주님의 겉옷은 진리의 영역이고, 금띠는 사랑의 영역입니다. 즉 진리는 구별하고 사랑은 하나됩니다. 둘은 서로 영역이 다르지만 결합을 목적합니다."

☞적용 : 진리를 실천하여 사랑의 삶을 살자!

23

얼굴을 만나다

-내재된 생각과 애정-

얼굴은 머리 앞면의 전체적 생김새를 말한다. 얼굴에는 내면의 생각과 느낌이 그대로 드러나 진심을 보여준다. 얼굴에는 눈썹, 눈, 코, 입과 귀가 있는데 안면 신경에 의해 표정이 드러난다. 그래서 얼굴에 드러난 마음의 작용을 얼굴 기색이라고 한다.

나는 얼굴에게 "나는 마음속 인체의 세계를 다니며 진리를 배우고 있습니다. 얼굴은 무엇을 의미하나요?"

얼굴은 "얼굴은 인격이 표출되는 신체 부분입니다. 얼굴을 잘 보면 애정과 생각이 새겨져 있습니다."

나는 "애정과 생각을 말하기 때문에 금식할 때에 얼굴을 씻고 머리에 기름을 바르라고 했나요?" (마6:17).

얼굴은 "얼굴을 씻는 것은 마음속을 깨끗하게 하는 것을 의미합니다. 마음의 질서를 바로 한다는 의미입니다."

나는 "얼굴이 마음의 질서라고요? 그렇다면 얼굴 표정이 일그러지는 것은 마음의 질서가 정리되지 않은 것을 말하나요?"

얼굴은 "네, 얼굴에서 애정과 생각이 나타나기 때문입니다."

나는 "머리에 기름을 바르는 행위는 무엇을 의미하나요?"

얼굴은 "고대에는 머리에 기름을 바르는 일이 일상적이었습니다. 얼굴을 씻고 머리에 기름을 바르는 모습은 마음을 깨끗하게 해서 선을 행하는 표시입니다."

나는 "사도 요한은 밧모섬에서 주님의 얼굴이 해가 힘있게 비치는 것 같다고 했습니다. 무슨 의미인가요?" (계1:16).

얼굴은 "주님의 얼굴은 태양처럼 빛이 나서 감히 사람이 쳐다볼 수 없습니다. 주님의 얼굴이 해의 빛과 같다는 말은 그분의 사랑과 지혜를 의미합니다."

나는 "천국에 가면 주님의 얼굴을 볼 수 있나요?" (계22:4).

얼굴은 "사람이 태양을 정면으로 볼 수 없듯이 거룩하신 그 분을 직접 뵐 수는 없습니다. 그러나 천사가 있어서 주님의 가르침을 배울 수 있습니다. 당신이 진정 주님을 뵙고자 한다면 진리를 간절하게 사모하세요. 진리를 통해서 주님을 뵐 수 있습니다."

나는 "베드로와 제자들은 그들 앞에서 용모가 변화한 주님의 모습을 보았습니다. 주님의 얼굴이 해같이 빛나고 옷은 빛같이 눈부셨다고 했습니다." (마9:32).

얼굴은 "제자들이 본 찬란한 주님의 모습은 그분 안에 내재된 영광이 드러난 것입니다."

나는 "우리도 그분의 영광스러운 모습을 볼 수 있을까요?"

얼굴은 "아주 잠깐 동안이지만 제자들은 영적 시야가 열렸습니다. 그래서 그들은 주님의 영광을 보았습니다. 당신이 그분의 영광을 보기를 원한다면 말씀을 통해서 주님을 뵐 수 있습니다."

나는 "주님의 영광스러운 모습을 보고 베드로는 모세와 엘리야 그리고 주님을 위해 초막 셋을 짓자고 주님께 제안했습니다."

얼굴은 "아마 베드로는 잠시 혼란을 일으켰던 것 같습니다. 초막은 예배를 의미합니다. 베드로는 세분 모두 예배되어야 한다고 생각했던 것 같습니다. 그러나 제자들이 고개를 들고 다시 보았을 때 예수 외에는 아무도 보이지 않았습니다. 그것은 오직 주님께만 예배를 드려야 하기 때문입니다."

나는 "그런데 왜 베드로, 요한, 야고보 외에 다른 제자들은 주님의 영광스런 광경을 보지 못했을까요?"

얼굴은 "세 제자들은 훈련을 통해 변화 산에서의 광경을 볼 수 있었지만 다른 제자들은 준비되지 못했기 때문입니다."

나는 "우리도 그런가요?"

얼굴은 "그렇습니다. 주님은 우리가 진리를 실천할 준비가 될 때까지 영광을 유보해 두십니다."

나는 "이사야 선지자가 성전에서 스랍을 보았습니다. 그런데 스랍들은 여섯 날개가 있는데 둘로는 얼굴을 가리었고 둘로는 발을 가리고 둘로는 날았다고 했습니다. 무슨 의미이지요?" (사6:1-2).

얼굴은 "여섯 날개가 있다는 의미는 진리의 힘을 의미합니다. 날개가 얼굴을 가리는 것은 진리의 힘으로 인격의 보호를 의미하고 발을 가리는 것은 겸손의 행위입니다. 날았다는 의미는 자연세계를 초월해서 영적세계를 향해 비상하는 것을 의미합니다."

나는 "그 광경이 두려웠겠군요."

얼굴은 "환상을 본 이사야는 자신의 무가치함으로 매우 두려워 떨었습니다. 그러자 스랍이 이사야의 입술에 제단의 뜨거운 돌을 들이댔습니다. 그것은 주님의 순수한 사랑이 점화되는 것을 의미합니다. 그제서야 이사야는 비로소 무가치했던 심정이 깨끗해져서 진리를 말할 수 있었습니다."

나는 "하나님이 천지를 창조하실 때 땅이 혼돈하고 공허하며 흑암이 깊음 위에 있고 하나님의 영은 수면 위에 운행하신다고 했습니다. 수면은 무슨 뜻이지요?" (창1:2).

얼굴은 "수면은 물의 얼굴이라는 뜻인데 마음의 가장 내적인 상태를 의미합니다."

나는 "땅이 공허하고 혼돈하다는 것은 무엇을 의미하나요?"

얼굴은 "거듭나기 전 인간의 상태입니다. 공허는 선이 없는 상태이고 혼돈하다는 것은 진리가 없는 상태를 의미합니다. 흑암이 깊음에 있다는 말은 탐욕으로 인한 거짓입니다. 진리가 뿌려지지 않은 마음이라고 말할 수 있습니다. 반면에 하나님의 영은 주님의 인자하심을 의미합니다. 암탉이 병아리가 부화될 때까지 깃털로 감싸듯이 주님께서 인간 내면을 보호하시는 장면입니다."

나는 "아담과 하와가 여호와 하나님의 얼굴을 피해서 동산 나무 사이에 숨었다고 했습니다. 무슨 의미인가요?"

얼굴은 "여호와 하나님의 얼굴은 자비로움을 의미합니다."

나는 "가인은 주의 얼굴을 뵈옵지 못한다고 했습니다."(창4:14).

얼굴은 "주님께서 가인에게 네가 잘 했다면 왜 얼굴을 들지 못하느냐고 꾸중하셨습니다. 주의 얼굴을 뵙지 못한다는 뜻은 주님의 선하심에서 분리되었다는 의미입니다. 선에서 분리되면 악으로 떨어집니다. 가인이 얼굴을 들지 못하는 이유는 진리를 알고 있지만 행함이 없기 때문입니다."

나는 "가인이 아벨을 살해하고 그에 따른 형벌은 무엇인가요?"

얼굴은 "가인의 형벌은 끝없는 방황입니다. 머리로는 진리를 알지만 행치 않는 자는 공허함과 허전함으로 끝없이 방황하게 됩니다. 이는 동서고금을 막론하고 누구에게나 적용되는 진리입니다. 성경에는 일부러 진리를 거절하는 자를 두고 가난한 자의 얼굴에 맷돌질한다고 했습니다."(사3:15).

나는 "야고보는 선을 알고도 행치 않는 것은 죄라고 하였습니다"

현자는 "네, 선을 알고도 행치 않기 위해서는 스스로 진리를 갈망하는 마음을 파괴시켜야만 합니다. 얼굴에 맷돌질하는 것은 진리를 거절하는 마음이 안색으로 드러난 것입니다."

나는 "놀라고 괴로움과 슬픔에 사로잡혀 얼굴이 불꽃같다는 말도 그런 경우를 의미하나요?" (사13:8).

현자는 "네, 그것은 내면의 탐욕이 드러난 상태입니다."

나는 "아브라함이 소돔의 얼굴을 내려다보았다고 했습니다. 무슨 의미인가요?" (창18:16).

얼굴은 "얼굴은 속이 겉으로 나타난 것입니다. 소돔의 얼굴은 자아 사랑에 먹혀버려서 정욕에 쩌들은 개처럼 되버린 악한 마음을 의미합니다. 그들은 자신이 소돔의 얼굴을 하고 있으면서도 오히려 끊임없이 거울을 쳐다보면서 스스로를 위로하면서 자아 사랑을 느끼기를 즐겨합니다."

나는 "성경 에스겔서에는 얼굴이 뻔뻔하고 마음이 강퍅한 자라고 표현했는데 무슨 의미인가요?"

얼굴은 "얼굴이 뻔뻔하다는 말은 세상 지식만을 갖고 떠드는 자를 두고 하는 말입니다. 이들은 거짓 교리로 스스로 자신에게 확신을 줄 뿐 아니라 타인들까지 설득합니다. 이런 자를 두고 얼굴이 **뻔뻔**하다고 말합니다."(겔2:4).

나는 "그러면 얼굴을 굳게 하였다는 말은?"(겔3:8).

얼굴은 "자아 사랑과 고집이 굳어졌다는 뜻입니다."

나는 "아론과 이스라엘 백성이 모세를 쳐다보니 얼굴이 환하게 빛나고 있어서 모두들 두려워하여 가까이 가지 못했습니다. 그래서 모세는 얼굴을 수건으로 가리고 있어야 했습니다."(출34:29).

얼굴은 "모세는 율법의 대표자입니다. 모세의 얼굴 피부가 빛났다는 의미는 율법의 속뜻이 드러난 것입니다. 이스라엘 백성이 모세에게 가까이 못한 것은 세속적인 마음으로는 진리를 쳐다볼 수 없었다는 의미입니다."

나는 "시인은 내 얼굴을 도우시는 내 하나님을 찬송한다고 했습니다."(시42:11).

얼굴은 "얼굴을 도우신다는 말은 마음속에 있는 사랑과 믿음이 진리로 인해 구원받는 것을 말합니다."

나는 "야곱이 에서에게 내가 형님의 얼굴을 뵈온 즉 하나님의 얼굴을 본 것 같다고 했는데, 무슨 의미이지요?"(창33:10).

얼굴은 "야곱이 에서를 만나 하나님의 얼굴을 뵙는 것 같다고 말한 의미는 에서에게서 선한 면을 지각했다는 말입니다."

나는 "애굽의 총리 요셉이 형들에게 말하기를 베냐민이 함께 오지 않으면 너희가 내 얼굴을 보지 못하리라고 했습니다. "(창43:3).

얼굴은 "더 이상 자비와 동정심이 없다는 의미입니다."

나는 "모세가 애굽 왕의 얼굴에서 나왔다는 말은? "(출10:11).

얼굴은 "애굽왕의 얼굴은 진리를 거부하는 의지입니다."

나는 "시편기자가 나는 의로운 중에 주의 얼굴을 뵈오리니 깰 때에 주의 형상으로 만족하리라고 노래했습니다."(시17:15).

얼굴은 "의롭다는 말은 자비를 의미하고 주의 얼굴을 뵙는다는 뜻은 평화를 의미합니다. 그러므로 얼굴 뵙기를 사모해야 합니다. 항상 그분의 얼굴을 주시해야 합니다. 얼굴을 주시해야 하는 이유는 얼굴에서 생각과 애착이 드러나기 때문입니다. 주님의 얼굴에서 믿음과 사랑이 나옵니다."

나는 얼굴이 내면을 의미한다는 것을 알았다. 주님이 세상에 오시기 전, 구약시대의 모든 교회들은 표본적 교회에 불과해서 진리의 그림자만을 보아 왔다. 그들은 간접적으로 천사를 통해 전능하신 분을 알 수 있었다. 주님께서 세상에 오셨을 때 교회는 직접적으로 주님과 교류가 이루어졌다. 사람들은 그분의 현존하심을 얼굴과 얼굴을 대면하여 보았다. 엄밀하게 말해서 그분을 본 사람들은 전능하신 분을 보았지만 생명이 보존되었다. 말씀이 육신이 되어 우리 사이에 거하셨을 때, 인간은 주님과 교류가 있게 되었고 그분과 결합할 수 있게 되었다.

 나는 실로암 연못에 가서 얼굴을 씻고 눈이 밝아진 맹인처럼 영적 눈이 밝아지기를 원했다. 실로암 연못에서 얼굴을 씻는 것은 말씀의 진리로 순수해지는 것을 의미하는데, 맹인은 주님의 권고에 순종하여 실로암 연못에 가서 씻고 눈이 열려지게 되었다. 이 얼마나 놀라운 축복된 변화인가! 주님의 경이로운 능력에 기쁘게 순종하여 빛을 보는 체험, 그 이상의 축복이 있을까?

 우리가 적극적으로 진리에 순종함으로 그분과 협동하고, 말씀을 생명수로 여겨서 연못으로 뛰어가서 진리를 삶에 적용할 때, 우리는 영적인 시력을 회복하게 된다. 다시말해 진리와 더불어 살게되는 새로운 상태를 얻는다.

☞적용 : 내 마음의 얼굴이 더러워졌는가를 스스로 살펴보자!

몸을 만나다

-진리의 그릇-

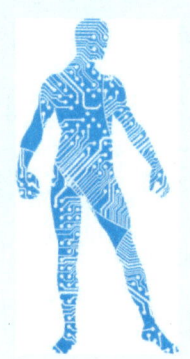

몸은 뼈와 살, 장기 등으로 구성되어 있으며 사람의 형태를 이루는 부분이다. 보통 몸이라고 할 때는 팔과 다리와 머리를 제외한 신체기관을 말한다.

나는 몸에게 "몸은 무엇을 의미하나요?"

몸은 "우리는 마음의 옷과 같습니다. 몸은 마음을 섬깁니다. 몸을 보면 마음을 알 수 있습니다. 마음은 몸을 통해서 외부 감각을 느낍니다. 실제적으로 마음은 몸에서 해방된 이후에도 보고 듣고 느낄 수 있습니다. 왜냐하면 마음은 새로운 몸을 입기 때문입니다."

나는 "남자와 여자가 한 몸이 된다는 의미는 무엇인가요?"

몸은 "창조주께서 사람을 남자와 여자로 만드셨다는 것과 또 남자는 부모를 떠나 제 아내와 합하여 한 몸을 이루라고 말씀하셨습니다. 한 몸이 된다는 것을 알려면 남자는 하나님의 형상, 여자는 하나님의 모양으로 창조되어졌다는 사실을 이해해야 합니다."

나는 "하나님의 형상과 모양이요?"

몸은 "하나님의 형상은 하나님의 지혜를 담는 그릇이고 하나님의 모양이라는 말은 사랑을 담는 그릇을 의미합니다. 하나님 안에 사랑과 지혜가 완전하게 하나이듯이, 여자 안에 있는 사랑과 남자 안에 있는 지혜가 연합을 이루어 하나가 된다는 말입니다."

나는 "결혼은 사랑과 지혜가 하나를 이루는 것이군요."

몸은 "하나됨은 결혼의 첫째 요건입니다. 부부가 사랑과 지혜의 한몸 원리를 갖고 있지 않으면 갈등과 싸움이 끊어지지 않게 됩니다. 정신적으로 하나되지 않은 부부로 산다는 것은 그만큼 고통스러울 수밖에 없습니다."

나는 "결혼식이나 혼인신고만으로는 부부가 되지 못하는군요?"

몸은 "진정으로 한몸이 된 부부는 내적으로 하나가 되어 삶의 열매가 익어 갑니다. 남편은 아내의 사랑을 그리워하고 아내는 남편의 지혜를 존경할 때 지혜와 사랑이 하나되어 진정한 부부가 되는 것입니다. 부부는 하나될수록 그만큼 더욱 순수해지고 지혜롭게 됩니다. 그러나 오늘날 많은 가정에 부부 갈등이 생기기 시작하였습니다. 마귀들의 궤계로 인해 겉으로만 다정한 부부인 척하는 쇼윈도우 부부가 된 것입니다. 타인에게 보여주기 위한 가짜 친밀성이 생긴 것입니다. 마귀는 끊임없이 속이기를 좋아하는데, 부부 상호간에 거짓으로 일관하고 서로의 눈을 피해 온갖 음란하고 더러운 짓거리를 합니다. 거짓된 자들은 눈속임을 능숙하게 하기 때문에 순간에는 감쪽같이 속이지만 결국에는 그것이 열매가 되어 모두 드러납니다. 악한 자의 결국입니다."

나는 "몸에 대해 더 자세하게 설명해 주세요."

몸은 "몸은 진리를 담는 그릇입니다. 주님은 몸을 두고 성전이라고 하셨습니다(요2:21). 주님께서 이 성전을 허물라. 내가 사흘 안에 다시 세우겠다고 하셨습니다. 당시 유대인들은 이 말을 이해하지 못했습니다. 성전을 허문 것은 주님을 십자가형에 처한 것이고, 성전을 세운 것은 주님께서 죽음에서 부활하신 것을 의미합니다. 성경에는 나중에 지은 성전이 이전의 성전보다 더 영화로울 것이라고 했습니다." (학2:9).

나는 "몸은 마음의 성전인가요?"

몸은 "새 성전은 부활을 통해서 이룬 마음의 성전입니다. 그 이유는 부활은 거듭남의 근원이 되기 때문입니다. 진정한 부활은 마음 속 진리의 부활입니다. 마음속에서 진리가 부활하면 거듭나게 되어서 구원하심의 증거를 나타냅니다."

나는 "부활하신 주님과 함께 하려면 어떤 몸이 되어야 하나요?"

몸은 "만일 너희가 나를 사랑하면 내말을 지킬 것이고 내아버지께서 그를 사랑하실 것이라고 했습니다. 그러면 주님은 그에게 거처를 삼아서 사랑과 진리의 영으로 거하신다고 하셨습니다."

우리가 먹은 음식이 육체의 일부가 되듯이 영의 양식은 영혼의 일부가 된다. 그리하여 영혼은 진리와 선을 먹고 마심으로 살아있는 천국의 형상을 가지게 된다. 영혼의 자양분을 위해서 주님은 성만찬을 주셨다. 주님이 주시는 성만찬 즉 떡과 포도주는 하늘나라 선함과 진리의 원리이다. 성찬은 주님의 영화로운 몸인데 주님께서 우리 영혼을 위해 주신 것이다. 이를 통해 우리 영혼은 자양분이 공급되며 영원한 생명을 얻는다.

☞적용 : 주님의 살과 피를 먹고 마시는가?

배를 만나다

-생각의 세계-

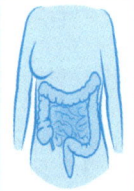

배는 가슴과 다리 사이의 부분이다. 배의 영역에는 음식물을 저장하는 위와 창자가 있어서 음식물이 지나간다. 나는 배에게 "배는 무엇을 의미하나요?" 하고 물었다.

배는 "주님을 믿는 사람은 그 뱃속에서 생수가 강물처럼 흘러나올 것이라고 했습니다." (요7:38).

나는 "주님을 믿는 것은 무엇을 말하나요?"

배는 "믿음은 주님께서 구원자이시고 거듭나게 하시는 분이심을 확신하는 상태입니다. 그런 확신은 샘에서 흘러나오는 시냇물같이 살아서 타인에게도 흘러갑니다. 그러나 진리가 아닌 거짓된 사상과 교리는 고여 있는 웅덩이의 물과 같습니다. 고여서 썩어버린 웅덩이의 물을 허영심의 손으로 휘저으면 온갖 더러운 것이 올라오게 됩니다."

나는 "무엇이 튀어 나올까요?"

배는 "제일 먼저 악한 생각이 튀어 나옵니다. 악한 생각은 악령의 거짓 암시입니다. 악한 생각이 지배하면 온갖 더러운 말이 쏟아져 나오고 가정이나 직장, 사회에 분란을 일으킵니다."

나는 "그런 자를 보았습니다. 그런 자들의 말을 듣고 있노라면 입에서 음란하고 사악한 귀신의 말이 홍수처럼 터져나오는 듯하였습니다. 모두 더러운 귀신의 속삭임에 반응해서 입으로 더러운 말을 토해내었습니다. 그들은 귀신의 조종을 받고 있었습니다."

배는 "진리를 받지 못하면 인간은 오랫동안 썩은 웅덩이의 물처럼 더러운 곤충이 득실거려 악취가 진동합니다. 그들은 아무리 주님께서 살아있는 생수를 주어도 더러운 물로 변질시켜 버립니다."

나는 "왜 그렇게 될까요?"

배는 "마음이 더럽고 악해서 그렇습니다."

나는 "심각하군요. 주님이 주시는 살아있는 생수를 순수하게 보존하려면 어떻게 해야 하나요?"

배는 "진리는 살아있는 물과 같습니다. 땅에서 샘물이 솟아오르듯이 마음에서 생각에서 솟아 흐릅니다. 배에서 생수가 흐른다는 것은 기억에서 선한 생각이 솟아오르는 것을 의미합니다."

나는 "아! 선한 생각이로군요."

배는 "성경에는 슬픈 생각을 할 때 내 배가 몹시 뒤흔들렸다고 표현했고(합3:16), 예레미야는 얼마나 오랫동안 악한 생각들이 네 배에서 머무를 것이냐고 했고(렘4:14). 시인은 여호와여 내가 고통중에 있사오니 내게 은혜를 베푸소서. 내가 근심 때문에 배가 쇠하였으며 생각이 거짓으로 변했다고 했습니다." (시31:9).

나는 "주님께서 입으로 들어가는 것은 무엇이나 뱃속에 들어갔다가 뒤로 나가지 않느냐? 입에서 나오는 것은 마음에서 나오는 것인데 바로 그것이 사람을 더럽히는 것이라고 하셨습니다."

배는 "주님의 말씀은 매우 교훈적입니다. 생각이 입을 통해 나옵니다. 고로 입은 생각을 의미하고 마음은 의지를 의미합니다. 입 안으로 들어가는 것은 생각의 모든 것을 의미하고, 마음에서 나오는 것은 의지에서 생각으로 표현된 것을 말합니다."

나는 "생각만으로는 사람을 더럽힐 수 없다는 말이군요."

배는 "아무리 생각이 많아도 의지가 없으면 생각 자체만으로 사람을 더럽게 할 수 없습니다. 그러나 악한 생각이 의지로 작동되면 삶으로 나타나기 때문에 악한 행동을 하게 됩니다."

나는 "왜 그렇지요?"

배는 "그 이유는 생각이 의지와 하나가 되었기 때문입니다. 생각이 의지와 하나되면 자기 것으로 소화가 됩니다."

나는 "그러면 생각이 의지가 되기전에 잘 검토해야 되겠군요."

배는 "그래서 분별력이 필요합니다. 인간에게는 자신의 생각이 선한지 악한지, 받아들여야 할지를 검증하는 능력이 있습니다."

나는 "거짓 암시에 속지 말아야 하겠습니다."

배는 "우리는 세상에서 보고 듣는 감각을 통해 무수한 생각과 암시들이 많이 들어옵니다. 사실 그런 암시들을 전부 차단할 수는 없습니다. 그러나 그런 생각을 통해서 자신의 성품을 발견하고 시험하는 기회로 사용할 수 있습니다."

나는 "어떻게요?"

배는 "예컨대, 선한 자는 악한 생각이 들어오면 자신의 악을 회개하고 더욱 주님을 의지합니다. 그러나 악한 자는 악한 생각을 기뻐하여 쾌락에 빠지고 타인을 괴롭힙니다."

41

나는 "주님께서 말씀하신 입으로 들어와서 뱃속을 통과해 뒤로 나가는 것은 무엇을 의미하나요?"

배는 "거짓 암시가 주인이 되면 사사건건 통제를 합니다. 옷을 입는 데서부터 거짓말, 의심, 거만, 폭력, 오늘은 무엇을 해야 할지를 지시하기도 합니다. 그러므로 악한 생각이 주인이 되는 것을 막아서 삶으로 이어지지 않도록 해야 합니다. 그것을 두고 입으로 들어와서 뱃속을 통과해 뒤로 나간다고 하는 것입니다."

나는 "악한 것은 뒤로 내보낸다는 말이군요. 그렇게 된다면 선한 자에게 거짓 암시는 무용지물이 되겠군요."

배는 "주님은 음식은 입으로부터 뱃속에 들어갔다가 뒤로 나가는데, 모든 음식은 깨끗하다고 하셨습니다. 그러니까 선한 자는 악한 생각이 그 사람을 더럽힐 수 없습니다."

나는 "그런데 왜 악한 생각이 자꾸만 파고들지요?"

배는 "인간에게는 부모로부터 물려받은 유전악이 있기 때문입니다. 본성적으로 인간은 악의 경향성을 지니고 태어납니다. 그러나 이것은 정죄의 대상은 아닙니다. 본인이 원해서 받은 것이 아니기 때문입니다. 인간의 악한 경향성이 죄가 되는 것은 자신이 적극적으로 악한 생각에 찬동하기 때문입니다."

나는 "만일 악한 생각을 반대한다면요?"

배는 "만일 악을 감지하고 떨쳐버리면 악의 침투를 막을 수 있습니다. 그러나 반대로 허용할 경우 그 영혼은 더러워지게 됩니다."

나는 "주님께서 인간의 악의 경향성을 아시나요?"

배는 "그렇습니다. 그분은 인간 속에 무엇이 들어 있는지 잘 아시는 분이십니다. 본성적으로 인간은 악밖에 가진 게 없습니다. 주님은 입밖으로 나오는 것들은 모두 마음에서 나온다고 하셨습니다. 인간의 더러움은 마음속에 있는 악이 이해의 동의와 의지의 격동을 통해 행동으로 나타나기 때문입니다."

나는 "무엇이 인간을 더럽게 만드는지 말씀해 주세요."

배는 "마음에서 나오는 것은 악한 생각, 살인, 간음, 음란, 도둑질, 거짓 증언, 모독 같은 것들입니다. 주님이 언급하신 일곱가지 악들은 매우 심각하게 생각해 볼만한 더러운 악들입니다."

나는 "악에도 순서가 있나요?"

배는 "첫째로 악한 생각이 맨먼저 나옵니다. 악한 생각은 자아 사랑과 세상 사랑을 가지고 마음을 지옥으로 만들어 버립니다. 둘째

살인은 이웃사랑이 파괴된 상태입니다. 셋째 간음은 선과 악이 섞여서 변질된 상태입니다. 넷째, 음란인데 진리와 거짓이 섞여서 변질된 것입니다. 다섯째, 도둑질은 주님의 것을 제 것이라고 고집한 것입니다. 여섯째, 거짓 증언인데 선을 악으로 악을 선이라고 주장한 것입니다. 일곱째, 신성 모독은 주님을 거절한 것을 뜻합니다. 이런 것이 악의 목록들입니다."

나는 "무섭습니다. 사실 이런 것은 세상에 널려있지 않나요? 이런 것이 도대체 어디에서 오나요?"

배는 "악의 근원지는 마음입니다. 그런데 이런 악이 행동으로 나타나면 죄가 됩니다. 주님은 이런 것들이 사람을 더럽히는 것이라고 말씀하셨습니다."

나는 "이런 것을 눈감아 주거나 과소평가해서는 안되겠군요."

배는 "주님께서 열거해 주신 이런 악에 대해 저항해야 합니다. 만일 마음속에서 악의 뿌리를 완전히 제거하지 않고 단지 세상적 수준으로만 억제시키고 눈감고 넘어간다면 결국 악은 살아서 영혼을 더럽히고야 맙니다. 그래서 주님은 손을 씻지않고 먹는 것이 사람을 더럽히는 것이 아니라고 말씀하셨고, 예레미야

는 예루살렘아, 살고 싶거든 못된 그 마음을 깨끗이 씻어라. 쓸데

없는 생각을 언제까지 품고 있으려느냐고 말했습니다."(렘4:14).

나는 "아담이 범죄후에 하나님께서 뱀이 배로 기어다닐 것이라고

하셨습니다. 무엇을 의미하나요?"

배는 "뱀은 감각을 상징합니다. 배로 기어 다닌다는 것은 땅에 밀

착하는 것을 의미합니다. 뱀이 땅에 아주 가깝게 하여 살고 있듯이

육체에 가장 밀접한 것이 감각이기 때문에 그렇게 말씀하신 것입

니다. 감각은 언제나 물리적인 세계에 접촉합니다. 감각으로는 더

이상 천국을 쳐다볼 수 없고 세상적이고 육신적인 것만 바라봅니

다. 주님께서는 세상에서 무엇을 위해 사는지 또는 삶을 어떻게 살

아가는 지를 주의 깊게 보십니다."

나는 "뱀이 사는 날 동안 흙을 먹는다고 했습니다."

배는 "감각은 결국 육체와 세상적인 것 외에는 그 어떤 것과 어울

릴 수 없음을 의미합니다. 이미 지옥이 되었기 때문입니다."

나는 "그러면 뱀의 독은 무엇을 말합니까?"

배는 "뱀의 독은 감각에 기초한 추론적 사상을 말합니다. 뱀독을

가진 자를 보았나요? 그런 자의 입에서는 온갖 더러운 말과 함께

45

독설이 튀어나오고, 자기 독단적 생각에 갇혀 있습니다. 이들은 매우 어리석어서 자신의 정욕에 맞는 말은 좋아하지만 진실된 말은 절대로 듣지 못합니다. 높은 데를 바라보지 못하고 썩은 고기를 찾아다니는 짐승처럼 더러운 행실과 썩은 물을 찾아 헤맵니다. 그러면서도 오히려 눈에 보이는 감각적인 것만을 진실이라고 우겨댑니다. 너무나 음란하고 세상적이고 더러워져서 이미 육체적이고 세속적인 것이 그의 양식이 되어버렸는데, 오히려 그것을 축복이라고 주장합니다."

나는 "그러면 배로 기는 것은 먹지 말아야 하겠군요."

배는 "배로 기는 것은 오로지 감각적인 생각으로만 사는 것입니다. 아담의 타락 원인은 감각적 추론에 있었습니다."

나는 "요나가 큰 물고기의 배에 던져졌는데, 물고기의 배는 무엇을 의미하나요?" (욘2:2).

배는 "큰 물고기의 배에 던져진 것은 영적으로 가장 낮은 상태에 떨어졌음을 의미합니다."

나는 "사도 요한이 본 환상 중에 여자가 아이를 배어 해산하게 되었을 때 아파서 애를 쓰며 부르짖었다고 했습니다." (계12:2).

배는 "여자는 교회를 의미합니다. 여자가 아이를 밴 것은 진리를 마음에 품은 상태입니다. 여자가 산기가 있어서 해산의 고통을 겪는 것은 진리를 가진 자는 악의 세력으로 인해 고난이 와서 고통스럽다는 것을 의미합니다."

나는 "왜 그렇게 진리를 생산하기가 어려울까요?"

배는 "첫째는 아직 진리를 받을만한 조건을 갖추어지지 못했고, 둘째는 마음이 세상적 욕심으로 천박하게 되어 버렸고, 셋째는 마음속에 진리가 아닌 다른 것이 꽉 들어차 있기 때문입니다."

주님은 진리를 따르는 자들의 결혼에 대해 희고 깨끗한 모시옷을 입는다고 말씀하셨다. 진리는 주님의 신부가 차려입게 되는 고운 모시옷이다. 우리가 분명하게 알아야할 사실은 지식을 아는 것만으로 고운 모시옷을 입었다고 말할 수 없다. 진리를 거룩한 삶속에 실제로 가져다 놓을 때 옷을 차려 입는 것이다. 그 이유는 고운 모시옷은 성도들의 올바른 행위이기 때문이다. 성도란 거룩한 생활을 이끌어 가는 사람들이고 자기들의 옷에 세상의 더러운 때가 묻지 않도록 노력한 이들이다.

☞적용 : 선한 생각과 진리를 실천하는 삶을 살고자 노력하는가!

팔을 만나다

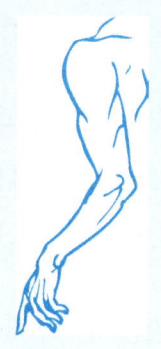

팔은 어깨와 손목 사이를 말하고 손 동작에 중요한 역할을 한다. 나는 팔에게 "나는 마음속 인체의 세계를 다니며 진리를 배우고 있습니다. 팔은 무엇을 의미하나요?"

팔은 "우리는 큰 능력을 의미합니다. 주님께서 강한 자로 임하실 것이요 친히 그 팔로 다스리신다고 하셨습니다. 큰 능력과 힘으로 지옥을 정복하실 것이라는 의미입니다." (창49:24).

나는 "주님은 무엇으로 지옥을 점령하시나요?"

팔은 "팔의 힘은 몸에서 나옵니다. 그것은 선에서 나오는 진리를 의미합니다. 주님께서 모세에게 나는 여호와라 내가 애굽사람의 무거운 짐밑에서 너희를 빼내며 그들의 노역에서 너희를 건지며 편팔과 여러 큰심판으로 속량했다고 하셨습니다." (출6:6).

나는 "팔을 길게 펼쳐서 속량한다는 말씀인가요?"

팔은 "길게 편 팔은 전능한 힘을 의미합니다. 진리의 힘으로 지옥의 수렁에 빠진 자를 건져주신다는 말씀입니다."

나는 "주님의 팔이 내 삶속에 임하기를 원합니다. 그런데 주님의 팔이 아니라 인간의 팔로 일을 계획한다면 어떻게 될까요?"

팔은 "그렇게 된다면 오른쪽으로 움킬지라도 주리고 왼쪽으로 먹을지라도 배부르지 못하여 자기 팔의 고기를 먹을 것이라는 구절이 응하게 됩니다." (사9:20).

나는 "자기 팔의 고기를 먹는다고요?"

팔은 "그 의미는 악으로 인해 선이 소멸된다는 뜻입니다. 좋은 의미로 팔의 고기는 진리로 인한 선의 힘입니다. 그런데 나쁜 의미로 쓰일 때는 자신을 믿고 신뢰하는 것을 의미합니다. 아둔한 자기 머리를 마치 신이라도 되는 것처럼 섬기는 자들이 있습니다. 성경에는 이런 자를 두고 사람을 믿으며 육신으로 그 힘을 삼고 마음이 여호와에게서 떠난 사람은 저주를 받을 것이라고 하였습니다."

나는 "저주받은 자의 모습이 어떤가요?"

팔은 "양 떼를 버린 못된 목자에 대해서 칼이 팔과 오른쪽 눈에 내리리니 그의 팔이 마르고 오른쪽 눈이 멀 것이라고 했습니다. 이런 모습이 저주받은 자의 모습입니다."(슥11:17).

나는 "눈이 멀고 팔이 말라 버렸군요."

팔은 "칼이 팔과 오른 눈에 내린다고 했는데 진리의 힘을 잃어버린 상태입니다. 팔이 마르고 눈이 어두워지는 결과는 결국 선이 파괴되고 진리가 소멸된 상태입니다. 사람이 눈멀고 팔이 마른 것처럼 진리와 선이 없어지면 어떻게 될까요? 한마디로 아무도 콘트롤할 수 없는 지경에 이릅니다."

나는 "그러면 여호와의 팔이여 깨소서. 깨소서 능력을 베푸소서! 라고 외치듯이 그렇게 외쳐야 하겠군요?"(사51:9).

팔은 "여호와의 팔은 인간에게 나타난 주님의 권능입니다. 여호와께서 애굽의 바로 왕의 두 팔 곧 성한 팔과 이미 꺾인 팔을 꺾어서 칼이 그 손에서 떨어지게 한다고 했습니다."(겔30:22).

나는 "바로 왕의 두 팔을 꺾는다고요?"

팔은 "세상의 힘을 모두 흩어 버리시는 주님의 능력을 의미합니다. 주님의 팔이 크므로 놀람과 두려움이 임했다고 했습니다. 이는 주님의 전능하심이 나타나신 경우를 말합니다."

나는 "주님의 전능이 나타나면 사람들이 받아들일까요?"

팔은 "주여, 우리가 전한 말을 누가 믿었으며 주의 팔의 능력을 누가 깨달았습니까? 라고 말했습니다. 인간의 불신앙은 주님에게는 시험입니다. 그래서 주님께서 인자가 올 때 이 세상에서 믿음을 발견할 수 있을 것인가? 하고 말씀하셨습니다." (사53장. 눅18:8).

나는 "그 말에 대해 인간은 뭐라고 대답하나요?"

팔은 "한마디로 아무도 없다! 입니다. 주님이 전한 말씀을 믿는 자도 없고 주님의 진리와 사랑도 받아들이지 않으며 주님께서 사람의 형상으로 나타났을 때도 영접하지 않았습니다."

예수께서 세상에서 능력을 보이심은 여호와의 팔이 나타난 것이다. 주님의 능력을 누가 받을 수 있는가? 순수한 심령만이 받을 수 있다. 어린아이는 순수를 의미한다. 그러므로 주님께서 이렇게 기도하셨다. "하늘과 땅의 주인이신 아버지, 지혜롭다는 사람들과 똑똑하다는 사람들에게는 이 모든 것을 감추시고 오히려 철부지 어린이들에게 나타내 보이시니 감사합니다. 그렇습니다. 아버지! 이것이 아버지께서 원하신 뜻이었습니다." (눅10:21).

☞적용 : 도우시는 주님의 능력과 힘을 신뢰하는가!

51

다리를 만나다

−선에 대한 의지−

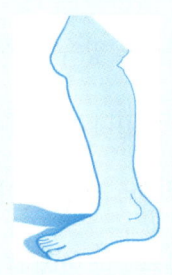

다리는 사람의 몸통 아래 신체 부분이다. 다리는 걷거나 서거나 뛰는 일을 한다. 나는 다리에게 다가가서 말을 건넸다. "당신에 대해 말씀해 주시기를 바랍니다."

다리는 "사자 입에서 양의 두 다리를 건져낸다는 말씀이 있습니다. 양의 두 다리는 선한 의지를 의미합니다. 발은 진리적 차원을 의미하지만 다리는 선을 의미합니다. 다리와 발이 연결된 것은 진리와 선이 결합되어 있음을 말합니다." (암3:12).

나는 "여호와는 사람의 다리가 억세다 하여 기뻐하지 아니하신다는 말씀이 있습니다. 무슨 의미인가요?" (시147:10).

다리는 "사람의 다리는 선을 행하는 힘입니다. 억세다는 말은 그 힘을 자기 것이라고 주장하는 것입니다."

나는 "율법에 날개가 있지만 네발로 기어 다니는 곤충은 혐오하라고 했습니다. 무슨 의미인가요?"(레11:20).

다리는 "곤충은 낮은 수준의 애착을 의미합니다. 날개가 있지만 네발로 기어 다닌다는 것은 거듭나지 않은 의지에서 올라오는 생각과 느낌을 의미합니다. 이는 감각적이고 육체적인 수준에 머물러 있는 상태입니다."

나는 "다리가 있어서 땅에서 뛰는 것은 먹어도 된다고 했는데요?"

다리는 "다리로 땅위에서 뛰어 오르는 것은 영적 삶의 진보나 활동을 의미합니다. 즉, 선과 진리의 교통을 뜻합니다. 이런 곤충은 먹을 수 있다는 의미는 선과 진리의 교통을 자기 것으로 만들라는 뜻입니다. 네 발로 기어다니는 것은 감각적이고 육체적인 쾌락에 머물러 있는 것입니다. 즉, 악과 함께 거짓이 존재하는 것입니다. 혐오스럽다는 의미는 지옥적이라는 의미입니다."

나는 "메뚜기는 날개와 다리가 있고 땅위에서 뛸 수 있습니다."

다리는 "메뚜기는 뛰기 위해 발위에 다리를 가졌습니다. 그래서 메뚜기는 먹을 수 있다고 허용되었습니다."

☞적용 : 날마다 영적 삶을 위해 선을 행하는가?

발을 만나다

−자연적 상태−

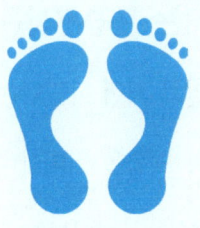

발은 사람의 체중을 받치고 땅을 디디는 구실을 하는 다리 맨 끝의 편평한 부분이다. 나는 발에게 "나는 마음속 인체의 세계를 다니며 진리를 배우고 있습니다. 당신에 대해 알려 주시기를 바랍니다."

발은 "발은 거듭나지 않은 자연적인 상태를 의미합니다. 아브라함이 마므레의 상수리나무가 있는 곳에서 사람 셋이 맞은편에 서 있었습니다. 아브라함이 그들을 보고 곧바로 장막 문에서 달려 나가 몸을 땅에 굽혀서 말합니다. 내 주여 내가 주께 은혜를 입었으면 원하건대 종을 떠나 지나가지 마시옵고 물을 조금 가져오게 하사 당신들의 발을 씻으시고 나무 아래에서 쉬소서라고 말했습니다."(창18:1−4).

나는 "천사들에게 발을 씻으라고 했군요."

발은 "보통 물로 발을 씻는 것은 거듭나지 않는 상태의 자아 사랑과 세상 사랑을 씻어내는 것을 의미합니다. 아브라함이 천사를 보고 발씻을 물을 가지고 온다는 것은 신성하신 분에 대한 순수한 진리의 지각을 의미합니다."

나는 "그렇군요. 주님께서 유월절 만찬 식사 중간에 제자들의 발을 씻기기 위해 일어서셨습니다. 왜 식사 중간에 일어나셔서 제자들의 발을 씻기셨나요?"

발은 "식사 중간에 일어나셨다는 것은 제자들을 향한 애정의 행위입니다. 그분께서 제자들의 발을 씻기심은 겸손을 의미합니다. 주님께서 제자들의 발을 씻기시는 장면을 말하려고 하면 먼저 가룟 유다를 말하지 않을 수 없습니다."

나는 "가룟 유다요?"

발은 "유다에게 악마가 들어갔기 때문입니다. 가룟 유다의 배신은 주님을 십자가에 매다는 것과 맞먹는 수준입니다."

나는 "어떻게 유다에게 악마가 들어갔나요?"

발은 "악마는 유다에게 예수를 배반하려는 생각을 집어넣었습니다. 악마는 먼저 생각을 점령합니다. 그러면 생각은 마음속에 이미 있는 기억을 가지고 악을 흥분시킵니다. 악의 고인 물을 이리저리 휘저어 버립니다. 마음속 악이 흥분되어 악행을 저지를 준비가 되는 것입니다."

나는 "예수께서 수건을 두르시고 대야에 물을 떠서 제자들의 발을 차례로 씻기고는 허리에 두르셨던 수건으로 발을 닦아 주셨습니다."

발은 "주님께서 대야에 물을 부으셨다는 것은 진리의 근원에서 진리가 흘러 들어감을 의미합니다. 그리고 주님은 물이 담긴 대야에 제자들의 발을 씻기셨습니다."

나는 "발을 씻기심은 무엇을 의미하나요?"

발은 "신체에서 발은 마음의 가장 낮은 수준을 상징합니다. 죄악된 세상에서 살다보면 이 부분이 자신도 모르게 변질됩니다. 그러므로 육신적이고 세상적인 마음을 씻어내야 합니다."

나는 "아! 그렇군요. 어떻게 씻어낼까요?"

발은 "먼저 의도적으로 자신의 악을 근절해야 합니다. 아무리 선한 삶을 살더라도 자기 공로를 내세운다면 그것은 악입니다.

인간은 애정, 생각, 행동이 세상 문화와 접촉함으로 불순해집니다.

불순의 원리가 작동하기 전에 더러운 것은 제거되어야 합니다.”

나는 “주님께서 제자들의 발을 물로 씻으시고 허리에 두르셨던 수건으로 발을 닦으셨습니다. 물과 수건은 무엇을 의미하나요?”

발은 “제자들의 발을 씻어내는 물은 진리이고 물기를 닦아내는 수건은 선을 의미합니다.”

나는 “주님께서 제자의 발을 씻고 있는데 시몬 베드로는 주께서 제 발을 씻으시렵니까? 하고 극구 사양했습니다.”

발은 “베드로는 겸손했습니다. 하지만 그 말은 불완전한 믿음을 표현한 말입니다. 우리는 베드로를 믿음의 제자라고 부릅니다. 베드로의 이런 질문은 겸손을 말하지만 그속에는 의심을 함축하고 있습니다. 베드로는 자기 발을 씻어야 한다는 것을 거절하지 않았습니다. 단지 그는 비천하고 보잘 것 없는 자신의 발을 씻어 주시겠다는 주님의 제의에 선뜻 발을 내놓는 것이 너무 뻔뻔스럽다고 여겨서 겸손해야 되겠다는 생각에 사양한 것입니다.”

나는 “주님은 그런 베드로에게 뭐라고 말씀하셨나요?”

발은 “예수께서는 너는 내가 왜 이렇게 하는지 지금은 모르지만 나중에는 알게 될 것이라고 대답하셨습니다."

나는 "나중에 알게 된다고요?"

발은 "주님의 섭리는 그 당시에는 알 수 없지만 시간이 지나면서 삶의 경험을 통해 깨닫게 됩니다. 우리는 그분의 뜻을 명확하게 알 수는 없지만 주님은 인도하시는 분이십니다."

나는 "베드로는 주님의 뜻을 그저 육체적인 발을 씻는 것으로만 알고 사양했던 것 같습니다."

발은 "베드로는 주님의 행동의 결과에 대해 너무나 무지했습니다. 베드로는 그것이 영원한 삶을 위해 얼마나 필요한 부분인지 직감하지 못했습니다."

나는 "주님께서는 선뜻 마음내키지않아 하는 제자에게 뭐라고 말씀하셨나요?"

발은 "예수께서는 내가 너를 씻어주지 않으면 너는 이제 나와 아무 상관없게 된다고 말씀하셨습니다. 주님의 이런 단호한 말씀은 심각하게 들어야할 대목입니다. 이 말은 악에서 *깨끗해지지* 않으면 주님과 단절된다는 의미입니다."

나는 "삶을 깨끗하게 하지 않으면 구원이 없다는 말인가요?"

발은 "맞습니다. 주님이 씻어주시는 길 외에는 구원의 방도가 없다는 의미입니다."

나는 "베드로가 발 뿐 아니라 손과 머리까지도 씻어 달라고 간청한 것은 무슨 의미인가요?"

발은 "그것은 구세주와 상관이 있다면 뭐든지 노력하겠다는 제자의 진지함입니다. 주님은 목욕을 한 사람은 온 몸이 깨끗하니 발만 씻으면 그만이라고 말씀하셨습니다. 제자들의 발을 씻는 것은 외적인 면을 의미합니다. 그간 주님을 따라왔던 제자들의 내적인 면은 이미 깨끗해져 있다는 의미입니다. 그래서 내적인 면과 일치하도록 외적인 면이 거듭나야한다는 점을 말씀하셨습니다."

나는 "아! 베드로는 이런 면을 통과했군요. 그렇다면 이 과정을 거치지 않은 가룟 유다는 어찌되는 건가요?"

발은 "그래서 주님은 모두가 다 깨끗한 것은 아니라고 말씀하셨습니다. 아마 유다는 발을 씻지 않았을 것입니다."

나는 "유다에게 발 씻을 기회가 있었군요. 어쩌면 유다에게는 마지막 시험이구요. 결국 그는 마귀로 인해 생각이 변질되었고 이기심이 흥분되어 악의 제물이 되어 버렸네요."

발은 "그는 악을 중단할 기회를 놓쳐 버렸습니다. 주님은 이미 당신을 팔아넘길 자가 누군지 알고 계셨기 때문에 모두가 깨끗한 것은 아니라고 하신 것입니다. 주님은 그분을 배반할 자가 누구인지 미리 알고 계셨습니다."

나는 "주님이 알고 계셨다는 말은 주님의 섭리를 말하나요?"

발은 "주님이 아신다는 말은 인간의 상태를 아신다는 말입니다. 주님은 선한 자뿐 아니라 악한 자도 아십니다. 주님께서 세상에 악을 허용하시는 것은 더 지독한 악을 예방하기 위함입니다. 오히려 그 말이 위로가 되지요?"

나는 "아! 주님께서는 인간의 무질서도 세밀하게 살펴보시는군요. 그 말씀이 마음의 위로가 됩니다. 가까운 사람을 통해서 악이 요동칠 때는 너무나 고통스럽습니다. 무질서는 어디에서 비롯되나요?"

발은 "무질서의 뿌리는 선의 남용이나 악용에서 옵니다. 악은 선이 타락된 것입니다."

나는 "주님께서 깨끗함에 대해 다는 아니라고 하셨는데 우리가 깨끗하지 않은 것을 어떻게 알 수 있습니까?"

발은 "자아 검증과 시험으로 알 수 있습니다."

나는 "주님께서 제자들의 발을 씻으신 후, 겉옷을 입고 다시 식탁에 돌아와 앉으신 다음 제자들에게 내가 왜 지금 너희의 발을 씻어 주었는지 아느냐고 물어보셨습니다."

발은 "십중팔구 제자들은 주님의 이런 행동을 겸손으로만 생각했을 것입니다. 그러나 그분의 질문은 제자들의 생각과는 전혀 달랐습니다. 주님은 영적 교훈을 염두에 두고 말씀하신 것입니다."

나는 "영적 교훈이요?"

발은 "내가 너희에게 했던 것이 무엇인지 아느냐는 질문은 그분의 의도를 생각하라는 말입니다. 주님께서 제자의 발을 씻으신 행동을 실천하라고 가르치신 것입니다. 주님의 행동은 제사장이 대접에서 재를 제거하는 모습과 닮은 데가 있습니다. 제사장은 재를 걸어낼 때 늘 입던 겉옷을 벗고 모시옷을 입습니다. 이 의무가 끝나면 그는 다시 정상적인 옷을 입습니다. 주님도 제자의 발에서 더러운 것을 제거했을 때 이와 같이 하셨습니다."

나는 "그리고 주님께서 뭐라고 하셨나요?"

발은 "주님은 주이며 스승인 내가 너희의 발을 씻어 주었으니 너희도 서로 발을 씻어주어야 한다고 하셨습니다. 예수를 스승과 주라고 부른다는 것은 최고의 진리되신 분으로 모신다는 뜻입니다. 주님은 믿음과 삶, 영원한 생명에 관계되는 모든 것에서 유일한 주님이십니다."

나는 "서로 발을 씻어주기 위해서 어떻게 해야 하나요?"

발은 "제자는 마음의 낮은 영역까지 온몸 전체를 깨끗하기 위해 힘써야 합니다. 주님께서는 이제 이것을 알았으니 그대로 실천하면 복을 받을 것이라고 하셨습니다."

나는 "실천하는 자가 복된 자이군요."

발은 "이것이 행동 규율이고 행복으로 가는 지름길입니다. 그러므로 먼저 영원한 삶에 관한 지식이 필요합니다. 올바른 지식 없이 바른 행동은 있을 수 없기 때문입니다. 제대로 행동을 하기 위해서는 반드시 주님을 본받아야만 합니다."

나는 "그러면 가룟 유다는?"

발은 "주님은 나와 함께 빵을 먹는 자가 나에게 발꿈치를 들었다고한 성경 말씀이 이루어질 것이라고 했습니다. 유다는 인간의 부패된 자아를 표현합니다. 그것은 주님에게 십자가의 시험을 가져온 타락한 인간 본성의 원리입니다. 그 원리는 예수를 죄인의 손으로 넘겨 침뱉고 희롱하고 죽음에 처하게 만들었습니다."

나는 "부패한 원리로부터 벗어나려면?"

발은 "거듭난 사람이 죄악의 홍수에 익사하지 않으려면 위로 승강해야 합니다. 유다가 예수와 함께 먹은 빵은 천국의 빵입니다. 그러나 빵을 먹었음에도 불구하고 그분에게서 등을 돌렸습니다."

나는 "주님의 빵을 무가치하게 먹었군요."

발은 "주님의 빵을 무가치하게 먹는 자는 그의 발꿈치를 들어 올립니다. 발꿈치는 인간 본성의 육적인 원리입니다. 이런 원리가 영적 원리위에 들려지면 신성에 대항합니다."

나는 "손이나 발이 죄를 짓게 하거든 그것을 찍어 던져 버리라고 했습니다. 무슨 의미이지요?" (마18:8).

발은 "자아부정의 교훈을 의미합니다. 범죄할 경우, 잘라 버려야 하는 발은 영적인 것에 반대되는 자연성입니다. 만일 자연적 원리가 진리를 약화시킨다면 제거되어져야 합니다."

나는 "그래서 주님은 모세에게 발에 신을 벗으라고 했나요?"

발은 "자연적인 원리가 제거되어야 함을 말합니다."

나는 "아론과 그의 아들들이 수족을 씻는 의미는?"

발은 "손과 발은 인간의 영적인 면과 자연적인 면을 의미합니다. 아론과 아들들이 제단에 접근할 때 손과 발을 씻는 것은 영적인 면과 자연적인 면 모두 씻는 것을 의미합니다."

나는 "주 여호와는 나의 힘이시라 나의 발을 사슴과 같게 하사 나를 나의 높은 곳으로 다니게 하시리라고 했어요."(합3:19).

발은 "사슴의 자유는 악한 짐승을 경계함으로 누립니다. 발을 사슴같게 만드는 것은 모든 집착에서의 자유를 말합니다."

나는 "그러면 곰의 발은 무엇을 의미합니까?"(계13:2).

발은 "곰의 발은 진리를 거짓으로 만드는 추론을 말합니다."

나는 "에스겔서에는 어찌하여 남은 풀을 발로 밟았느냐 어찌하여 남은 물을 발로 더럽혔느냐고 했어요."(겔34:18).

발은 "풀밭의 남은 풀을 발로 뭉개는 것은 감각으로 선을 파괴하는 것입니다. 남은 물을 발로 더럽힌 것은 진리를 감각적 쾌락으로 더럽히는 것을 말합니다."

나는 "주님의 발이 풀무 불에 단련한 빛난 주석같다는 말은?"

발은 "신성한 분의 자연적 선을 말합니다."

나는 "요한계시록의 두 증인이 하나님께로부터 생기가 그들속에 들어가매 그들이 발로 일어섰다고 했어요."(계11:11).

발은 "발로 선다는 뜻은 인간의 외적 상태를 의미합니다. 내적인 면이 개혁되어야 외적인 면이 변화됩니다. 내적인 면은 목적하고 사랑하는 것을 의미하고 외적인 면은 말과 행위입니다."

나는 "누구든지 너희를 영접하지도 아니하고 너희 말을 듣지도 아니하거든 그 집이나 성에서 나가 너희 발의 먼지를 떨어 버리라 내가 진실로 너희에게 이르노니 심판 날에 소돔과 고모라 땅이 그 성보다 견디기 쉬우리라는 말은?"(마10:14-15).

발은 "제자들을 영접하지 않는 사람의 성과 집은 세상 원리를 의미합니다. 발에 묻은 먼지를 털어버리라는 의미는 먼지로 인해 발이 더럽혀지지 않도록 하라는 말입니다."

나는 "먼지는 무엇입니까?"

발은 "먼지는 땅에 속한 가장 낮은 수준입니다. 인간안에 있는 감각적인 원리입니다. 먼지는 뱀의 양식이 되었습니다."

나는 "왜 먼지를 떨어 버려야 하지요?"

발은 "먼지를 버리지 않는 것은 진리를 명백하게 알면서도 뻔뻔하게 죄를 질 경우를 의미합니다. 알고도 행치않는 죄는 더 큰 형벌이 따라옵니다. 사도를 영접하지 않는 도시나 집은 교회안에 있으면서도 진리에 의거 삶을 살지 않는 사람을 뜻합니다. 소돔과 고모라는 주님에 관한 지식없이 악한 생활을 영위하는 사람들입니다."

나는 "심판 날은 언제인가요?"

발은 "심판 날은 육체를 벗는 때입니다. 그때는 각자의 마음안에서 선과 악이 분리됩니다. 악은 정죄되고 선은 환영받는 때입니다. 이런 일은 동시적으로 일어납니다. 마지막 정죄를 피하려면 숨이 붙어있는 지금 회개를 해야 합니다."

나는 "아브라함이 소돔 왕에게 말하기를 실 한올부터 신발의 가죽 끈에 이르기까지 가지지 않겠다고 했습니다."(창14:23).

발은 "신발의 한올에서 가죽 끈에 이르기까지 라는 말은 불결한 것을 의미합니다. 아브라함이 이런 것에 관심을 두지 않겠다는 말은 더러운 것으로 부자가 되지 않겠다는 말입니다."

나는 "아브라함에게 그런 자세를 배워야 하겠습니다. 욕심부리지 않고 바르게 사는 법을 배우겠습니다."

발은 "발바닥과 뒤꿈치는 자연성을 의미합니다. 신발은 발바닥과 뒤꿈치를 덮어주는 물건입니다. 신발은 자연성 중에서도 가장 외적인 부분입니다. 신발은 신는 사람에 따라 다릅니다. 소돔왕은 악과 거짓을 의미합니다. 소돔왕 신발의 실과 끈은 불결하고 육체적이고 가치없는 거짓과 악을 의미합니다."

나는 "악과 거짓은 조금이라도 허용하지 말라는 의미이군요."

발은 "그렇게 해야 하는 이유가 있습니다. 악한 자들은 자기 사랑과 세상 사랑을 최고로 여깁니다. 그들은 자기들이 마음만 먹으면 뭐든지 할 수 있다고 생각하기 때문에, 하고 싶은 대로 하면서 살아왔고 살아가려고 하는 자들입니다. 그들은 아무리 낮은 자리에 있더라도 거짓과 악으로 상대방을 통제하려고 합니다."

나는 "거듭나지 않은 자가 남보다 높은 자리에 있거나 가르치려고 드는 자들이 있는데 이런 경우를 두고 하는 말인가요?"

발은 "그런 자들은 언제나 기회를 엿보고 상대방의 말을 유도하여 말꼬리를 붙들고 늘어지면서 자기들이 무슨 큰 일을 하는 것처럼 의시대면서 신실한 자들에게 혼란을 안겨줍니다. 하지만 그들의 유일한 자원은 악과 거짓뿐입니다. 주님은 선과 진리를 원하십니다. 주님 안에는 소돔 왕이 상징하는 악과 거짓이 없다는 것을 알아야만 합니다. 결론적으로 말하자면 주님은 악과 거짓이 아주 미미하더라도 절대로 원치 않으신다는 것입니다."

나는 "주님께서 원하시는 통치는 무엇인가요?"

발은 "악과 거짓은 인간을 노예로 만들어 버립니다. 악과 거짓의 통치는 모든 것을 파괴합니다. 그러나 선과 진리의 통치는 모든 것을 구하고 자유하게 합니다. 분명한 것은 악과 거짓은 악마속에 있고 선과 진리는 주님안에 있습니다. 그래서 두 주인을 섬길 수 없다고 말씀하신 것입니다."(마6:24).

나는 "세례 요한은 자신은 주님의 신발을 들고 다닐 자격도 없다고 스스로 말했습니다."(마3:11).

발은 "예수님과 요한은 비교조차 할 수 없는 등급입니다. 사실 주님께서 여자의 몸에서 태어난 사람 중에 요한보다 더 큰 인물은 없다고 했는데, 요한이 들고 다니지도 못한다는 그분의 신발을 과연 누가 들 수 있을까요."(마11:11).

나는 "그래서 하늘로부터 오시는 분은 모든 사람 위에 계신다고 하셨군요."(요3:31).

발은 "그분은 요한이 나기전부터 계셨고(요1:15), 아브라함이 태어나기전부터 계셨습니다." (요8:58).

나는 "여호와께서 덤불 한가운데에서 모세에게 이쪽으로 가까이 오지 마라. 네 발에서 네 신을 벗으라. 네가 서있는 곳은 거룩한 땅이라고 했고(출3:5), 여호와의 군대의 일인자가 여호수아에게 네발에서 네신을 벗으라고 했습니다." (수5:15).

발은 "신을 벗어야 하는 이유는 자연적이고 육체적인 것으로 거룩을 손상시켜서는 안되기 때문입니다."

나는 "말굽을 물어서 그 탄자로 뒤로 떨어지게 하였다는 의미는 무엇인가요?" (창49:17).

발은 "말굽은 말의 뒤꿈치입니다. 말은 총명을 의미합니다. 하지만 말의 뒤꿈치를 물어뜯는 것은 감각적 미련함을 의미합니다."

나는 "주님은 적들을 그분의 발판으로 만드시었다고 했는데 발판은 무엇입니까?" (시110:1).

발은 "시험에서 승리를 의미합니다."

나는 "발등상앞에서 경배한다고 했습니다." (시132:7).

발은 "그분의 발등상은 문자적 진리를 말합니다. 영적 진리는 주님의 발등상위에 건축되는 것입니다. 그러나 아직도 발등상 아래에서 허덕이는 영혼도 많습니다."

나는 "그러면 발등상 아래에는 무엇이 있나요?"(막12:36).

발은 "원수를 발아래 둘 때까지라고 하셨습니다. 발아래 둔다는 의미는 천국아래 가장 낮은 영역 즉, 지옥을 말합니다."

주님께서 제자들의 발을 씻으심은 교회에게 가르쳐 주시고 싶은 교훈인데, 그것은 교회가 무엇을 가장 높고 거룩하게 여겨야 할 것인지를 제대로 알아야 하는 대목이다. 주님께서 제자들의 발을 씻으신 이유는 사람과 교회의 최말단 인성 원리를 깨끗하게 하고 거듭나게 하시기 위함이다.

주님의 이러한 뜻에 반대되게 살아가는 것은 한마디로 욕심에 이끌리는 삶이다. 우리는 주님의 이런 가르침에 도달하지 못하고 있음을 부끄러워해야 한다. 그러므로 가장 낮고 죄악된 자연성에서 영적인 성숙을 위해 노력하고 도전하자!

☞적용 : 주님께 배우고 새로워지기를 원하는가?

70

허리를 만나다

−의지의 세계−

허리는 사람의 윗몸과 아랫몸 사이의 잘록한 부분을 말한다. 나는 허리에게 "나는 마음속 인체의 세계를 다니며 진리를 배우고 있습니다. 허리는 무엇을 의미합니까?"

허리는 "성경에 왕들이 허리에서 나오리라고 했습니다. 왕은 진리를 의미하는데 왕이 허리에서 나오는 것은 선에서 진리가 나온다는 의미입니다. 선지자 다니엘이 본 환상에 허리에 우바스 순금 띠를 띠었다고 했습니다. 이 경우에도 순수 선을 말합니다."

나는 "허리띠는 무엇을 말합니까?"

허리는 "허리띠는 몸을 단단히 조이는 역할을 합니다. 허리띠는 대개 가죽이나 물감들인 옥양목으로 만드는데, 허리띠는 금이나 은으로 된 실을 가지고 수를 놓기도 합니다. 허리띠에는 보석이나 진주를 박아서 장식하기도 했습니다. 허리띠는 그 띠를 두른 사람의 사회적 위치나 부를 암시하는데 섬세하고 호화로운 허리띠는 중요한 인물의 표시가 됩니다."

나는 "허리띠는 영적으로는 무엇을 의미하나요?"

허리는 "허리띠는 선과 진리를 한데 묶는 것을 의미합니다. 다시말해 허리 부분에 허리띠를 단단히 매듯이 진리에 마음을 매어놓는 것을 의미합니다. 이스라엘의 온 가문과 유다의 온 가문을 나에게 꼭 매어 두라고 하였습니다."(렘13:11).

나는 "허리에 띠를 두른다는 것은 진리 사랑을 말하는군요."

허리는 "야곱이 잃어버린 요셉을 위해 옷을 찢고 굵은 베로 허리를 묶고 오래도록 아들을 위하여 애통했습니다. 야곱이 그의 옷을 찢은 것은 파괴된 진리로 인한 슬픔을 의미하고 굵은 베를 허리에 두른 것은 선이 파괴되어 통곡함을 의미합니다. 이사야는 옷을 벗어 몸을 드러내고 베로 허리를 동이라고 하였습니다. 잃어버린 선으로 인해 슬퍼하라는 의미입니다."(사20:2).

나는 "옷을 벗어 몸을 드러내는 것은 무엇을 의미하나요?"

허리는 "벗은 허리를 보이는 것은 더러운 사랑을 폭로하는 것을 의미합니다.”

나는 “미워하는 자의 허리를 꺾어서 다시 일어나지 못하게 하는 것은 무엇을 의미하나요?” (신33:11).

허리는 “미워하는 자의 허리는 악의 사랑을 의미합니다. 허리를 꺾는 것은 악을 꺾는 것을 의미합니다.”

허리는 “에스겔은 성전에서 솟는 샘의 환상을 보았습니다. 그가 물을 건너는데 물이 발목에 오르고 다시 천척을 측량하고 물이 무릎에 오르고 다시 천척을 측량하고 물이 허리에 오르고 다시 천척을 측량하니 건너지 못할 강이 되었다고 했습니다.”

나는 “물이 불어나는 것은 무엇을 상징하나요?”

허리는 “물이 불어서 헤엄을 쳐서 건널 수 있는 강은 말씀을 배우고 깨닫는 것을 의미합니다.”

나는 “강물은 어디에서 흘러나오나요?”

허리는 “주님으로부터 흘러 들어옵니다. 강물이 발목까지 찼다는 의미는 처음에 말씀을 읽을 때는 겉뜻만을 이해하는 것입니다. 그렇지만 계속적으로 말씀을 공부하다 보면 진리를 깨닫게 되고 그 의미를 알게 되면서 진리의 깊이를 느끼는 경지에 이릅니다.”

73

나는 "말씀을 어떻게 공부해야 깊은 의미를 배울 수 있나요?"

허리는 "어부들처럼 해야 합니다. 어부가 바다에서 고기를 잡는 것은 자연적인 삶속에서 영적 진리를 끄집어내는 것과 같습니다. 매일의 삶에서 진리를 찾아 실천해야 합니다."

나는 "강가에 서있는 나무는 무엇을 말합니까?"

허리는 "선행하도록 인도하는 원리입니다."

나는 "나무의 열매는?"

허리는 "열매는 선한 행실이며, 잎은 선의 원리에서 나오는 생각입니다. 생각은 자신의 결점이 무엇인지를 알게 해주며 어떻게 고쳐야 하는지도 가르쳐줍니다. 따라서 잎은 치료하는 약입니다. 한의학에서 나무 잎사귀를 먹거나 발라서 병을 치료하는 경우처럼 잎은 영혼을 건강하게 만듭니다."

나는 "그러면 치유되지 않는 것은 왜 그런가요?"

허리는 "변화를 원치않는 고집 때문입니다. 고집은 이기적인 감정과 생각에서 비롯되는데, 자신이 잘못된 줄 알면서도 억지로 우겨대는 말이나 행동입니다."

나는 "천척을 측량하는 의미는 무엇인가요?"

허리는 "십, 백, 천, 만은 어떤 상태의 완성을 상징합니다. 하나의 상태 완성은 다음 단계로 넘어가기 위한 준비 단계입니다. 천척을 재는 것은 새로운 이해가 있다는 의미입니다."

나는 "각 단계마다 의미가 있군요. 각 단계는?"

허리는 "첫번째 발목 단계는 문자적인 계명 단계입니다. 문자는 우리가 세상에서 해야 할 것과 하지 말아야 할 것을 가르쳐 줍니다. 이것이 발목까지 차는 물입니다. 두번째 단계는 무릎까지 올라온 물입니다. 말씀의 문자적인 차원을 넘어서 영적의미 단계입니다. 영적 의미는 보이지 않는 세계에 대한 깨달음을 줍니다. 세번째 허리까지 찬 물의 단계는 주님이 세상에 계셨을 때 그 분이 어떻게 생각하셨고 느끼셨는가에 관한 것입니다. 이 단계에 도달하면 인류를 향한 주님의 위대한 사랑을 느끼게 됩니다. 그분의 사랑을 느끼기 시작하면서 아주 사소한 일에서도 그분을 섬기고자 하는 소원이 마음속에서 일어나기 시작합니다."

나는 "그러면 허리 위쪽으로는 더 깊은 세계를 의미하겠군요? 헤엄치거나 건너지 못할 강은 무엇을 의미하지요?"

허리는 "헤엄치거나 건너지 못할 강은 영원토록 진리를 배운다고 할지라도 도저히 이해할 수 없을 만큼 많은 진리를 말합니다."

나는 "좀 더 구체적으로 말씀해 주세요."

허리는 "발목까지 찬 물은 유대 교회를 상징합니다. 유대인들은 진리를 단지 율법적으로만 보았기 때문입니다. 그후 물이 무릎까지 찬 것은 기독 교회를 의미합니다. 교회는 율법적 차원보다는 영적인 면을 중시합니다."

허리는 "주님께서 예레미야에게 허리에 띤 띠를 가지고 일어나 유브라데로 가서 그것을 바위틈에 감추라고 했습니다."

허리는 "예레미야는 허리띠를 사서 그것을 한동안 사용하다가 바위틈에 숨겨 두었습니다. 동양 관습중에 상대방에게서 괴롭힘을 당하면 어떤 물건을 습기가 많은 강둑에 두거나 습지에 묻어서 썩게 만들었다고 합니다. 이는 괴롭힌 자의 운명을 표현한 것입니다."

나는 "바위 틈새에 자기 허리띠를 감추어 두는 행동은?"

허리는 "마음의 진리를 높은 원리에 두지 않고 감각적 관념에 둔 것을 표현한 것입니다. 진리를 감각안에 가두워둘 때 진리는 생명력을 잃고 감각적 추론으로 인해 거짓으로 변합니다."

나는 "유프라테스 강둑에 허리띠를 숨겨 두었다고 했습니다."

허리는 "유프라테스는 가나안과 앗수르 중간에 있습니다. 앗수르는 좋은 의미로는 합리성이지만 나쁜 의미로는 추론을 의미합니다. 태양도 비추지 않는 습한 바위 틈새에 허리띠를 숨겨 놓았다는 것으로 보아서 유프라테스는 추론을 말하는 것입니다."

나는 "추론은 어떤 상태인가요?"

허리는 "무질서와 퇴보 상태입니다. 주님께서는 너희안에 있는 빛이 어둡다면 어둠이야말로 어떠하겠느냐고 교훈하셨습니다. 거듭나지 않은 자연인의 마음은 영적 진리를 지각하지 못합니다. 주님은 사람이 영적 진리를 보려고 노력하는만큼 지각을 주십니다. 영적 마음이 닫히면 감각적이 되어 진리는 희미해지고 맙니다."

나는 "영적 퇴보 상태이군요."

허리는 "예레미야가 예루살렘에서 유프라테스까지 여행하는 것은 아주 먼 여행에 해당됩니다. 이런 여행은 마음이 어두움으로 후퇴하는 것을 의미합니다. 마음이 점진적으로 어두워지고 희미해져서 거짓된 감각 상태에 빠지는 것을 의미합니다. 마음이 감각적으로 변해버리면 높은 자리에 연연하여 타인을 지배하려는 권력에 마음을 쏟습니다. 그래서 권력의 시녀가 되어 결국에는 파멸의 늪에 빠지는 경우를 봅니다. 교권이 엄청난 종교적 권력의 자리인 것을 알았으면, 그 자리에 앉을수록 겸손함으로 섬기겠다는 자세를 가져야 합니다.”

나는 “허리띠가 쓸모없게 되었군요.”

허리는 “깨끗한 모시 띠로 허리를 동이는 상태는 진리를 사랑하고 삶 속에 계명을 실천하는 것입니다. 그러나 반대로 깨끗하고 아름다웠던 허리띠가 못쓰게 되었다는 것은 영적 퇴보상태에 빠진 것입니다. 진리에 대해 흥미를 잃어버리고 세상을 사랑하면 영적 퇴보가 되어 주님과 하나될 수 없습니다.”

나는 “이런 사람을 두고 주님은 뭐라고 하시나요?”

허리는 “주님은 나를 떠나서 너희는 어떤 열매도 맺지 못한다고 경고하셨습니다.” (요15:4).

나는 “왜 열매를 맺지 못하게 되나요?”

허리는 “열매맺는 능력은 포도나무에 있습니다. 가지는 포도나무에 연결되어 있어야만 자양분을 받을 수 있습니다.”

나는 “포도나무에 붙어있는 것은 우리의 선택인가요?”

허리는 "자연계의 포도 나무와 가지는 선택하는 능력이 없지만 영적인 포도나무와 가지는 자유 의지가 있어서 선택할 수있는 권한이 있습니다. 주님의 백성들은 주님과 연결될 수있는 능력을 가지고 있습니다. 그래서 주님께서 내 안에 머물러라. 나도 너희안에 머물겠다고 말씀하신 것입니다."

포도나무와 가지의 비유는 주님과 제자들의 관계를 설명하기 위해 소개된 주제중에 가장 아름다운 교훈이다. 창세기에서 주님께서는 교회와 더불어 현존하심을 동산 한가운데 심겨져 있는 생명나무를 가지고 말씀하셨는데, 그분의 백성들이 영원한 생명을 확보하려고 시도하는 것에 대해서 묘사하고 있다.

그러나 인간은 뱀이라고 부르는 감각에 의해 선악을 아는 지식의 나무 열매를 먹음으로 생명의 권리를 상실하고 말았다. 그 후 주님께서 이 땅에 여인의 후손으로 오셔서 뱀의 머리를 깨부수고 영혼의 중앙에 사랑이라는 생명 나무를 새롭게 심어 놓으셨다. 그리고 "참 포도나무" 로서 교회와 주님의 관계를 설명하셨다.

☞적용: 선의 열매를 거두고자 기도하고 있는가?

옆구리를 만나다

－ 신성한 선의 세계－

옆구리는 가슴과 등 사이의 갈빗대가 있는 부분이다. 나는 옆구리에 다가가서 말했다. "나는 마음속 인체의 세계를 다니며 진리를 배우고 있습니다. 옆구리 당신에 대해 말씀해 주시기를 바랍니다."

옆구리는 "유대인들은 안식일에 십자가에 매달려 죽은 시체를 그냥 두지 않으려고 빌라도에게 시체의 다리를 꺾어서 치워달라고 요청했습니다. 그래서 병사들이 와서 십자가에 달린 사람들의 다리를 차례로 꺾고 예수께 가서는 이미 숨이 거둔 것을 보고 다리를 꺾는 대신 군인 하나가 창으로 옆구리를 찔렀습니다. 그러자 옆구리에서 피와 물이 흘러 나왔습니다." (요19:34).

나는 "옆구리에서 피와 물이 나온 것은 무슨 의미이지요?"

옆구리는 "옆구리를 찌르는 행동은 진리되신 주님께 휘두른 폭력입니다. 주님의 옆구리를 창으로 찌른 것은 유대인에게 진리와 선이 소멸되었음을 의미합니다. 옆구리로부터 흐르는 피와 물은 영적, 자연적 차원의 진리를 의미합니다. 주님의 피는 진리입니다. 이 진리를 인간이 받아들이면 깨끗하게 되고 악에서 벗어나게 됩니다."

나는 "창은 무엇을 의미합니까?"

옆구리는 "창은 거짓을 상징합니다. 유대인은 거짓으로 진리를 파괴시키고자 했습니다. 이런 행동은 당사자에게는 악한 행위이지만 주님 편에서는 선입니다. 왜냐하면 그분은 악을 선으로 되돌려놓으시기 때문입니다."

나는 "안식일에는 십자가에 매단 채 있으면 안되나요?"

옆구리는 "그렇습니다. 모세의 법에 따르면 누군가의 시체를 나무에 매단채 밤을 넘기지 말고 그 날로 묻어서 땅을 더럽히지 말라고 하였습니다."(신21:23).

나는 "아! 왜 밤을 넘기지 말라고 한 건가요?"

옆구리는 "시체를 묻지않고 나무에 매단채 밤을 새우는 것은 영원한 죽음을 의미하기 때문입니다. 주님의 경우, 그분의 죽으심이 유월절에 거행되어야 한다는 것과 그분의 몸이 안식일에는 무덤에 있어야 하고 십자가에 있으면 안되는 것은 하나님의 섭리입니다."

나는 "왜 그렇지요?"

옆구리는 "유월절은 이스라엘이 이집트로부터 해방된 것을 기념하는 절기입니다. 주님의 구속을 예시한 것입니다. 안식일은 창조의 6일에 이어지는 주님의 영화하심을 의미합니다."

나는 "그것이 그렇게 중요한가요?"

옆구리는 "그렇습니다. 매우 중요합니다. 첫째로 그분의 뼈는 부러지지 않아야 한다는 것입니다. 이는 뼈 한마디도 부러지지 않도록 고이지켜 주신다는 구절(시34: 20)과 뼈를 꺾어서는 안된다(출12:46)는 구절 때문입니다."

나는 "그런 구절은 주님이 메시야가 되심을 말씀하는군요."

옆구리는 "유대인의 관습에 의하면 뼈를 꺾지 않는 것은 위배인데, 특별히 주님의 뼈를 꺾어서는 안 되는 이유가 있나요?"

나는 "예수께서 조롱 받고 십자가형을 받는 것 그리고 그분의

옷이 조각으로 찢기는 것은 허용되었지만 그분의 뼈는 부러지지
않도록 되었습니다. 하지만 유대인들은 주님을 십자가에 못 박은
후에 그분의 다리를 꺾으려고 했습니다. 영적으로 말하면 그들은
진리 자체가 되신 분을 파괴한 후에 다리나 뼈로 상징된 말씀의 말
단 원리까지도 부러뜨리고 흩어버리고자 하였습니다."

나는 "뼈는 말단 원리를 말하나요?"

옆구리는 "말단 원리는 높은 원리를 받들어 줍니다. 만일 말단 원
리가 없으면 정의는 힘을 잃게 됩니다. 주님께서 이 땅에 오셔서 육
신을 입으신 것은 말단 수준의 인성을 입으시기 위함입니다. 구원
의 계획은 밑바닥에서부터 최상의 단계까지 도달하는 것입니다."

나는 "그러면 뼈는 인성의 원리를 말하는군요."

옆구리는 "부활 후 주님은 영은 뼈와 살이 없으나 보다시피 나는
가지고 있다고 했는데 그분의 인성을 뼈로써 말씀하셨습니다."

나는 "주님께서 굳이 인간의 타락한 인성을 입으셔야 했나요?"

옆구리는 "구원의 섭리는 가장 밑바닥에서 시작되기 때문입니다.
뼈가 인성의 최말단 원리를 표현하기 때문에 주님께서는 부활하신
후에 그분의 뼈에 관해 말씀하시기를 영은 뼈와 살이 없지만 나는

가지고 있다고 말씀하신 것입니다."

나는 "주님께서 구원의 기초를 이루셨군요."

옆구리는 "네, 그분이 입으신 인성은 영적 존재의 기초입니다. 그렇기 때문에 유대인의 관습에 위배되지만, 예수의 뼈는 꺾이지 말아야 하는 것입니다. 또 한편으로는 그분의 옆구리는 창에 찔려서 피와 물이 나오게 되었습니다."

나는 "피와 물은 무엇을 의미하나요?"

옆구리는 "피는 사랑의 가슴에서 흐르는 신성한 진리입니다. 이 진리를 믿음과 사랑으로 받아들이면 죄악을 씻어냅니다."

주님은 부활하신 후에 도마에게 부활한 몸의 옆구리에 손가락을 넣어서 만져보라고 하셨다. 주님께서 그분의 손과 옆구리를 보여주신 것은 상징적인 행동인데, 자신이 그들을 위해 십자가형을 당한 구세주라는 것과 죽었다가 영원히 사시는 분이라는 것을 직접적으로 제자에게 보여주시는 행동이다. 주님의 손은 그분의 권능을 상징하고 그분의 옆구리는 그분의 사랑을 상징한다.

☞적용 : 주님의 신성한 선을 소중하게 여기는가?

갈빗대를 만나다

– 인간의 자아 –

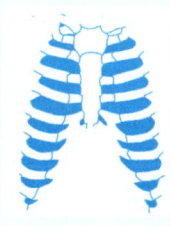

갈빗대는 갈비뼈를 이루는 낱낱의 뼈대이다. 나는 갈빗대에게 나는 마음속 인체의 세계를 다니며 진리를 배우고 있습니다. 당신에 대해 말씀해 주시기를 바랍니다. 갈빗대는 무엇을 의미합니까? " (창2:21-22).

갈빗대는 "가슴 부분에 있는 뼈인 갈비는 인간 고유의 자아를 의미합니다. 이것 자체는 생명력이 없지만 인간은 이것을 대단히 아끼고 소중히 여깁니다."

나는 "갈빗대가 자아라고요? 우리는 그저 단순하게 물질적인 갈비뼈로만 알고 있었습니다."

갈빗대는 "아마도 모두 그렇게 알고 있을 것입니다. 누구도 이렇게 가르쳐 주지 않았을 것입니다."

나는 "그러면 자아는 무엇인가요?"

갈빗대는 "자아는 사람이 독처하는 것이 좋지 못한 데서부터 시작합니다. 아담은 하나님의 낯을 피하여 홀로 머무는 상태에 있었습니다. 마치 하나님을 떠날 사람처럼 홀로 머물고 싶어 했던 것입니다. 이것이 독처입니다. 그를 위해 돕는 짝을 만들어 주겠다는 말씀은 이미 자아가 하나님을 떠나고자 하는 상태에 기울어져 있음을 말합니다."

나는 "자아에 기울어진 것은 어떤 상태인가요?"

갈빗대는 "이미 자아에 기울어져 있는 사람은 주님께 의지하는 것을 별로 달갑지 않게 여깁니다."

나는 "아! 그래서 주님은 어떻게 하셨나요?"

갈빗대는 "성경에는 하나님이 남자를 깊이 잠들게 하셨다. 그가 잠든 사이에, 주 하나님이 그 남자의 갈빗대 하나를 뽑아 그 자리에 살로 메우셨다. 그리고는 남자에게서 뽑아낸 갈빗대로 여자를 만드시고 여자를 남자에게로 데리고 오셨다."(창2:21).

나는 "깊은 잠이 든 사이에 갈빗대를 뽑았다는 의미는?"

갈빗대는 "깊은 잠에 든 것은 자아에 심취된 상태입니다. 잠든 상태와 동일하게 자기 멋대로 생각하고 말하고 행동하는 상태이기 때문입니다."

나는 "진리에 대해 깨어있지 못한 상태를 말하는군요."

갈빗대는 "네, 사람이 주님으로부터 떠나거나 독립하기를 원하면 열려진 하늘이 닫혀집니다. 닫힌 상태가 바로 깊은 잠입니다. 이사야는 주님께서는 너희에게 잠드는 영을 보내셔서 너희를 깊은 잠에 빠지게 하셨다. 너희의 예언자로 너희의 눈 구실을 못하게 하셨으니 너희의 눈을 멀게 하신 것이요, 너희의 선견자로 앞을 내다보지 못하게 하셨으니 너희의 얼굴을 가려서 눈을 못 보게 하신 것이라고 말했습니다."(사29:10).

나는 "아담이 자아에 심취해 있는 것은 진리에 대해 의식불명 상태로군요. 자아몰입 상태가 왜 그렇게 나쁜가요?"

갈빗대는 "자아는 뼈로 구성되어 있습니다. 자아는 그 자체가 생명이 없고 죽은 것입니다. 뼈는 그 자체로만 보면 아주 적은 생명을 지녔지만 사실 알고보면 절대적으로 필요한 것입니다. 뼈는 살아있는 부분을 보호하고 지탱해 주는 구조물입니다."

나는 "자아는 주님을 떠나서는 무용지물이군요."

갈빗대는 "네, 그것은 스스로 작동할 수 없고 주님으로부터 생명이 들어와야만 활동할 수 있습니다. 그러므로 주님을 떠나 자기 힘만 의지하고 살아가는 사람은 사실상 아무 쓸모없이 되어서 결국 거짓으로 변질되는 것입니다."

나는 "아담은 자아에 빠져서 자기만족에 도취되어 있었군요. 그러면 여자는 무엇인가요."

갈빗대는 "주 하나님이 남자에게서 뽑아낸 갈빗대로 여자를 만드시고 여자를 남자에게로 데리고 오셨습니다. 주님은 아담의 갈빗대 하나를 빼내시어 그에게 꼭 맞는 짝이 되는 여자를 만드셨습니다. 짝은 그의 필요에 맞는 것을 의미합니다."(창2:22).

나는 "여자를 아담에게 데리고 왔다고요. 무슨 의미이지요?"

갈빗대는 "주님께서 새로운 자아를 주셨다는 것을 의미합니다. 아담은 새로운 자아를 보자 이는 뼈중의 뼈요 살중의 살이라고 감탄하였습니다. 주님께서 갈빗대로 여자를 만드셨다고 했는데 이는 창조가 아니고 여자를 세운 것입니다. 그래서 원문에는 세웠다는 뜻의 built into a woman 이라는 용어를 사용합니다."

나는 "무슨 의미이지요?"

갈빗대는 "이 말은 쓰러져 있는 것을 일으켜 세운다 혹은 재건한 다는 뜻인데 주로 거짓을 새롭게 할 때 사용합니다. 예레미야서에 처녀 이스라엘아, 내가 너를 일으켜 세우겠으니, 네가 다시 일어날 것이라고 하셨습니다." (렘31:4).

나는 "새로운 자아를 말하는군요. 만일 옛자아에 그대로 머물러 있었다면 멸망당할 수도 있었겠군요."

갈빗대는 "그렇습니다. 자아라는 뼈의 상태를 주님의 손이 일으켜 세웠습니다. 이를 두고 여자라고 말합니다."

나는 "인간이 뼈에만 머물렀다면 어떻게 되었을까요?"

갈빗대는 "생명이 없는 자아는 해골과 마찬가지입니다. 그렇지만 주님은 해골에 생명을 주시고 아름답고 유용하도록 하십니다. 자 아의 본성은 악이기 때문에 주님은 이런 자아를 그대로 둘 수 없었 습니다. 그래서 새로운 자아에 생명을 부여하시고는 아담에게 데 리고 오신 것입니다."

나는 "그래서 아담이 이제야 나타났구나! 뼈도 나의 뼈, 살도 나의 살, 남자에게서 나왔으니 여자라고 부른다고 말했군요." (창2:23).

갈빗대는 "뼈도 나의 뼈라는 말은 생명을 받지 못한 자아를 뜻하고 살도 나의 살이라는 말은 생명을 받은 자아를 상징합니다. 뼈는 생기가 별로 있지 않은 인간이고, 살은 생기있는 인간을 말합니다. 이제서야! 라는 말은 변화가 되었음을 뜻합니다."

나는 "그런 깊은 뜻이 있었군요."

그 누구도 지옥에 가기위해서 세상에서 태어나지 않는다. 모든 사람은 천국을 위해 태어난다. 하지만 어느 누구도 천국 혹은 지옥에 가도록 예정되지 않는다. 천국에 가기 위해서는 거듭 태어나야만 한다. 두 번째 출생만이 천국에 소속되게 한다. 사람의 마지막 상태는 선과 악, 천국과 지옥으로 나뉘게 된다. 그러나 선도 아니고 악도 아니요, 의롭지도 않고 악하지도 않은 중간 상태가 있다. 이것은 긍정적인 상태이다. 이런 중간 상태에서 이성이 합리적 선으로 성숙하여 새롭게 된 자들은, 주님에 의해 거듭난 자들이다(요1:12). 즉, 주님을 영접하고 그분의 이름을 믿는 새로운 창조물이다. 그런데 이성이 타락하여 악을 향해 치달아 가는 데도 불구하고 선택받은 자처럼 행세하며 주님을 믿는다고 자부하는 이들이 있다. 이런 자를 뭐라고 비유할 수 있을까?

☞적용 : 거듭난 자로 살고 있음을 확증할 수 있는가?

살을 만나다

–의지의 영역–

살은 사람의 뼈와 신경을 싸고 있는 부드러운 물질이다.

나는 "당신에 대해 말씀해 주시기를 바랍니다."

살은 "먼저 살을 이해하기 위해서는 주님이 하신 말씀, 너희가 인

자의 살과 피를 먹고 마시지 않으면 너희 안에 생명을 간직하지 못

할 것이라는 구절을 기억해야만 합니다."

나는 "주님께서 인자의 살과 피를 먹고 마셔야 한다는 말씀의 의

미는 무엇인가요?"

살은 "영혼의 생명을 유지하기 위해서는 영혼의 양식이 필요하

기 때문입니다. 살과 피는 주님께서 사람의 생명을 유지하기 위

해 주시는 양식입니다. 살은 주님의 선이고 피는 주님의 진리입니

다. 주님께서 내 살은 참된 양식이며 내 피는 참된 음료라고 말씀

하셨습니다."

나는 "그러면 먹고 마신다는 의미는 무엇인가요?"

살은 "먹고 마심은 영적 요소를 받아들이고 소화하는 것입니다. 육신을 유지하기 위해서 밥을 먹어야 하듯이 영적 몸을 위해서는 영혼에 자양분이 공급되어야 합니다. 주님께서 내 살을 먹고 내 피를 마시는 사람은 영생을 누릴 것이고 마지막 날에 살아날 것이라고 하셨습니다."

나는 "살아난다고요?"

살은 "네, 주님께서는 부활을 약속하셨습니다. 누구든지 그분의 살을 먹고 그분의 피를 마시는 자는 영원한 생명을 누립니다. 그러나 주님께서 생명을 거저 주시지만 인간 입장에서는 반드시 선택을 해야만 받을 수 있습니다."

나는 "그렇군요. 인간이 생명을 얻으면 천국에 갈 수있나요?"

살은 "주님께서 내 살을 먹고 내 피를 마시는 사람은 내 안에 살고 나도 그 안에서 산다고 하셨습니다. 이 말은 천국 시민이 된다는 말입니다. 주님은 우리 안에 계시지만 우리 모두가 주님 안에 있는 것은 아닙니다. 그분 안에 있으려면 선과 진리가 있어야 합니다."

나는 "구원받기 위해서는 우리가 주님 안에 있어야 하나요?"

살은 "네, 주님이 우리를 사랑하시듯이 우리가 진정으로 주님을 사랑한다면 반드시 그분 안에 있어야 합니다."

나는 "네, 노아 시대에 혈육 있는 자의 행위가 부패하고 혈육 있는 자의 포악이 땅에 가득하여서 끝날이 이르렀다고 했습니다."

살은 "혈육은 피와 살을 의미합니다. 혈육이 부패하였다는 것은 진리 상실로 거짓밖에 남은 것이 없으며, 혈육 있는 자의 포악이 땅에 가득하다는 말은 본성이 악만 남은 상태가 되었음을 말합니다. 결국 인간에게 선과 진리가 없고 악과 거짓만 남아서 인류는 멸망할 수밖에 없었다는 의미입니다."

나는 "홍수를 땅에 일으켜 생명의 기운이 있는 모든 육체를 천하에서 멸절하리니 땅에 있는 것들이 죽으리라고 했습니다."(창6:17).

살은 "홍수는 거짓의 범람입니다. 생명의 기운이 있는 육체가 멸절하도 땅에 있는 것이 죽는다는 것은 모든 사람들에게 선의 의지가 소멸되었다는 의미입니다."

나는 "그 가운데서 무릇 생명의 기운이 있는 육체가 둘씩 노아에게 나아와 방주로 들어갔습니다."(창7:15).

살은 "생명의 기운이 있는 육체는 새 생명을 받은 거듭난 인간을 의미합니다. 주님으로부터 진리와 선을 받아서 새로운 피조물이 된 자들입니다."

나는 "그러면 노아 홍수로 인해 땅위에 움직이는 생물 곧 새와 가축과 들짐승과 땅에 기는 모든 것과 모든 사람이 다 죽었다는 말은 무슨 뜻인가요?"(창7:21).

살은 "땅 위에 움직이는 생물은 노아 이전 시대의 후손인데 다 죽었다는 뜻은 이들에게서 모든 선이 사라졌다는 의미입니다. 이로써 노아 이전 시대의 마지막 후손들이 사라지게 되었습니다. 이 후손들을 땅위에서 움직이는 생물이라고 표현했습니다. 땅에 긴다는 것은 감각적이 되었다는 의미입니다."

나는 "그후에 노아에게 내가 나와 너희와 및 육체를 가진 모든 생물 사이의 내 언약을 기억하리니 다시는 물이 모든 육체를 멸하는 홍수가 되지 아니할지라고 말씀했습니다."(창9:15).

살은 "육체를 가진 모든 생물은 온 인류를 의미합니다. 나와 너 사이에 있는 내 언약을 기억할 것이라는 말은 거듭난 자들을 향한 주님의 자비를 의미합니다."

나는 "고기를 생명되는 피 째 먹지 말 것이라고 했는데 그 의미는 무엇인가요?" (창9:4).

살은 "고기는 살을 의미하는데 살은 인간의 의지를 말합니다. 인간의 의지는 악밖에 없습니다. 결국 인간은 탐욕과 욕망만 남게 되었습니다. 피째 먹지 말라는 의미는 진리를 탐욕으로 섞지 말라는 뜻입니다. 다시말해 거룩한 것을 모독하지 말라는 뜻입니다."

나는 "이스라엘 백성이 광야에서 모세에게 부르짖기를 울면서 누가 우리에게 고기를 주어 먹게 하는가 하고 외쳤습니다."

살은 "고기는 살을 의미합니다. 이스라엘 백성들이 광야에서 갈망했던 고기는 탐욕입니다."

나는 "욥이 고백하기를 내 가죽이 벗김을 당한 뒤에도 내가 육체 밖에서 하나님을 보리라고 했습니다. 무슨 의미인가요?"

살은 "가죽이 벗김을 당하면 살만 남습니다. 그러니까 살로써 하나님을 뵐 것이라는 의미는 생기있는 자아를 말합니다."

나는 "에스겔은 내가 그들에게 돌같은 마음을 제거하고 살처럼 부드러운 마음을 주었다고 했습니다." (겔11:19).

살은 "살처럼 부드러운 마음은 자발성과 생기있는 자아를 말합니다."

나는 "시몬 베드로가 주님께 신앙고백을 하였을 때 바요나 시몬아 네가 복이 있도다. 이를 네게 알게 한 이는 혈육이 아니요 하늘에 계신 내 아버지시라고 했습니다. "(마16:17).

살은 "혈육은 살과 피를 의미합니다. 살과 피는 곧 인간의 자아를 의미합니다. 인간이 살과 피로 구성되기 때문입니다. 주님을 알게한 것은 인간의 자아가 아니고 그것을 알게한 이는 주님이시기 때문에 복이 있다고 하신 것입니다. "

나는 "모세가 손을 품에 넣었다가 내어보니 손이 본래의 살로 되돌아왔다고 했습니다. 무슨 의미인가요? "(출4:7).

살은 "모세의 본래 살은 선을 말합니다. 살은 주님 사랑에서 이웃 사랑까지의 선입니다."

나는 "유월절에 어린 양의 고기를 먹는 것은? "

살은 "주님이 주시는 선을 즐기는 것입니다."

나는 "유월절 고기를 한 집에서 먹고 그 고기를 조금도 집 밖으로 내지 말라고 했습니다. "(출12:46).

살은 "집밖으로 살 한점도 운반하지 말라는 것은 선은 다른 것과 혼합되어서는 안 된다는 뜻입니다."

나는 "나아만이 요단강에 몸을 일곱 번 씻어 살이 회복되어 깨끗해졌습니다." (왕하5:10).

살은 "살이 회복되었다는 말은 진리를 실천하여 선하게 된 거듭난 생명을 의미합니다."

나는 "이스라엘 자손이 애굽땅의 고기 가마곁에 앉아있던 때를 그리워하는 것은?" (출16:3).

살은 "세상 쾌락에 따른 생활을 의미합니다. 고기 즉 살이 반대 의미로 사용될 때는 인간의 악한 자아를 의미합니다."

나는 "여호와께서 저녁에는 너희에게 고기를 주어 먹이신다고 하였습니다." (출16:8).

살은 "여호와께서는 저녁에 먹을 고기를 너희에게 주신다는 의미는 진리의 눈이 어두운 인간에게 주시는 선을 의미합니다."

나는 "소가 남자나 여자를 받아서 죽이면 그 소는 반드시 돌로 쳐서 죽일 것이요 그 고기는 먹지 말라고 했습니다." (출21:28).

살은 "돌로 친 소의 살은 자아 사랑에서 온 악을 의미합니다. 먹지 말라는 의미는 악을 소화시키지 말라는 의미입니다."

나는 "속죄제를 드릴 때 수소의 고기와 가죽과 똥을 진 밖에서 불사르라고 했습니다."(출29:14).

살은 "고기를 진 밖에서 불사르는 이유는 악이 있기 때문입니다. 고기 즉, 살은 자아의 악을 의미합니다."

나는 "아론과 그의 아들들은 회막문에서 그 숫양의 고기를 먹으라고 했습니다."(출29:32).

살은 "회막 문은 주님께 예배하는 것인데, 숫양의 고기를 먹으라는 뜻은 영적 선을 의미합니다."

나는 "살이 썩는 재앙은 무엇을 의미합니까?"(슥14:12).

살은 "모든 선이 소멸되는 것을 의미합니다."

주님께서는 세상의 쾌락에 빠져서 혼탁해진 인간의 자아를 진리로 새롭게하시며 새생명을 주신다. 사람이 주님의 말씀이 믿어지고 실감되면서부터 그분의 진리는 확증되고 선은 경험되어진다. 이런 상황을 두고 정의와 평화가 서로 입맞춘다고 하는 것이다.

☞적용 : 영적인 진리를 받아들여 선한 삶을 살고자 하는가?

귀를 만나다

– 순종 –

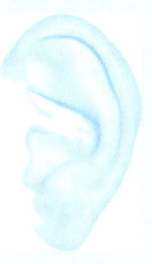

귀는 외부의 소리를 잘 들을 수 있도록 머리 양옆으로 볼록 드러난 부분이며 청각 기능을 수행하는 감각 기관이다. 귀에는 S자 모양의 터널이 있으며 구멍 둘레에는 피지 샘이 있어서 지방성분을 분비하며 입구의 3분의 1은 연골로 되었다. 피지 샘의 지방성분은 귀에 벌레가 들어와서 조금만 먹어도 죽어 귀지가 된다. 소리가 전달되는 경로를 보면 기체를 타고 고막에 오면 가운데 귀 뼈를 거치고 림프액을 통과해서 소리를 듣는다. 입은 하나인데 귀가 두 개인 것은 말은 적게하고 남의 소리를 귀 기울여 들으라는 표시이다.

나는 귀에게 "나는 마음속 인체의 세계를 다니며 진리를 배우고 있습니다. 당신에 대해 말씀해 주시기를 바랍니다."

귀는 "귀를 기울인다는 것은 말하는 사람을 따르는 것입니다. 그래서 귀는 순종을 의미합니다. 귀는 들음으로 복이 있다고 했는데, 맹목적으로 듣는 것만을 말하지 않습니다."

나는 "주님이 잡히시기 전날 밤에 군병들이 주님을 잡아가려고 하자 시몬 베드로가 차고 있던 칼을 뽑아 대제사장의 종 말고의 오른쪽 귀를 잘라 버렸습니다. 귀를 자름은 무슨 의미인가요?" (요18:10).

귀는 "베드로는 믿음의 고백을 한 자입니다. 그의 칼은 진리의 상징물입니다. 믿음을 가진 자들이 진리를 잘못 사용하면 잘못된다는 것을 보여주었습니다. 대제사장의 종 말고의 귀를 자름은 마지막 때에 지각과 순종의 능력이 파괴된 것을 말합니다. 예언자 에스겔이 부패된 교회를 음녀로 취급하면서 코와 귀를 베어갈 것이라고 말했습니다." (겔23:25).

나는 "주님은 뭐라고 하셨나요?"

귀는 "주님께서 베드로에게 칼을 칼집에 도로 꽂아라. 아버지께서 나에게 주신 고난의 잔을 내가 마셔야 하지 않겠느냐고 말씀하셨습니다. 그 이유는 고난의 잔을 마셔야 하기 때문에 악을 방해 말라는 의미입니다."

나는 "악을 방해하지 말라고요? 언뜻 이해가 안되는데요?"

귀는 "이것은 대단히 높은 수준의 하늘의 원리입니다. 이는 그 분께서 시험에 대처하는 방식입니다. 예컨대 선한 자는 악한 자를 공격하지 않습니다. 하지만 악한 자는 언제나 선한 자를 공격합니다. 그래서 선한 자는 악으로 인해 피해를 입기도 합니다. 악의 공격이 선한 자에게는 긍정적인 면도 있는데, 악의 시험과 공격으로 선한 자는 자아반성을 하기 때문에 악이 제거되기도 합니다."

나는 "잔을 마신다는 것은 무슨 의미인가요?"

귀는 "성경에서 잔은 좋은 의미와 나쁜 의미가 있는데, 구원의 잔(시116:13)과 분노의 잔(사51:17)입니다. 주님께서 말씀하신 잔은 아버지께서 마시라고 주신 고난의 잔입니다."

나는 "주님께서 고난의 잔을 마시려는데 믿음의 사도가 진리의 칼을 사용하여 그리스도께서 십자가를 지는 일을 방해하였군요."

귀는 "맞습니다. 베드로는 그의 칼로 스승님의 영화하심을 위해 허용된 기회를 방해하는데 사용하였습니다."

나는 "그렇다면 큰 일 아닌가요? 주님의 일을 망치게 되니까요."

귀는 "베드로가 악을 의도한 것은 아닌 것처럼 보입니다. 그러나 갈피를 못잡은 무절제한 열정입니다. 비록 악한 의도는 아닐지라도 결과는 악에 기울어버린 것입니다."

나는 "그러면 칼집은 무엇을 뜻하나요?"

귀는 "칼집은 칼과 같은 날카로운 도구를 안전하게 보관해 두는 곳입니다. 칼집은 교리를 의미합니다. 진리를 사용할 경우 넣어 두어야 하는 장소입니다. 교리는 진리를 안전하게 보관해두는 장소입니다."

나는 "우리들도 조심해야 하겠네요."

귀는 "주님은 칼을 쓰는 사람은 칼로 망하는 법이라고 하셨습니다. 진리를 잘못 응용하면 거듭나지 못하게 되어 결국 망하게 될 수도 있습니다. 이런 말을 들었습니다. 어느 평신도가 교회에서 무엇이든지 기도하면 다 받는다고 가르쳐서 기도를 했는데, 사업이 망하자 목사에게 원망을 했습니다. 그러자 목사는 하나님의 뜻이라고 말했습니다. 그 평신도는 목사를 향해 사기치지 말라고 항변했다고 합니다. 이런 식으로 진리를 제대로 모르면 무엇을 위해 기도해야 하는지 알 수 없습니다."

나는 "주님은 종의 귀를 치료해 주셨습니다." (눅22:51).

귀는 "귀는 청종, 순종을 상징하는 신체기관입니다. 오른쪽 귀는 선으로부터 진리를 지각하는 것을 의미합니다. 그래서 대제사장 위임식 때 제물의 피를 오른쪽 귀에 발랐습니다. 하나님의 말씀을 듣고 순종하는 능력을 가지고 성별된다는 표시입니다." (출29:20).

나는 "귀있는 자는 성령이 교회들에게 하시는 말씀을 들으라고 했습니다." (계2:7).

귀는 "들을 귀를 가지는 것은 지각과 순종에 주의를 기울이는 것입니다. 진리를 이해하는 자는 진리의 영이 가르치는 말씀에 순종해야 한다는 의미입니다." (계13:9).

나는 "귀먹고 어눌한 자의 귀가 열리고 혀가 풀렸습니다." (막7:35).

귀는 "주님께서 귀를 열어 주셔서 진리를 지각하고 순종하게 되었다는 의미입니다."

나는 "종이 주인으로부터 자유를 원치 않을 때 문설주에서 송곳으로 그의 귀를 뚫었습니다. 무슨 의미인가요?"

귀는 "진리에 순종하겠다는 것을 의미합니다." (출21:6).

나는 "귀가 할례를 받지 못하였으므로 듣지 못한다고 했습니다.

할례 받지 않은 귀는 무엇입니까?"(렘6:10).

귀는 "경청함이 없는 경우를 뜻합니다. 말 못하는 자는 귀머거리와 함께 오는 경우가 많습니다. 귀머거리는 천국으로부터 들어오는 입구가 닫힌 것이고 말 못하는 자는 천국을 향하는 출구가 닫힌 것입니다. 받는 것과 주는 것이 막힌 것입니다. 두 가지는 생명의 큰 기능입니다. 귀가 할례를 받는 것은 세상적이고 이기적인 것을 버리고 진리에 순종하는 것을 의미합니다."

나는 "그렇다면 귀가 할례 받는다는 의미는 자기중심적이고 세상적인 사랑을 제거하고 진리에 순종하는 것을 말하는군요."

그는 "네, 진리를 경청하고 순종하는 것입니다."

주님의 제자들은 진리를 배워 순종하는 사람들이다. 진리는 반드시 실천함으로 선을 얻는다. 그러므로 진리와 선은 서로를 완전하게 만든다. 우리가 진리를 믿음으로 하나님의 선을 더 높일수록 진리는 더욱 뚜렷하게 드러난다. 그럼에도 진리를 말하면 귀를 막고 눈을 돌리는 자들이 얼마나 많은가? 진정 진리가 천국에 들어가는 유일한 길이라는 것을 믿는가!

☞적용 : 진리의 지각하고 순종하는 삶을 사는가?

눈을 만나다

– 이해 –

눈은 탁구 공만한 둥근 눈 알을 담고 있으며 두개골에 싸여 있다. 눈만이 바깥으로 뾰쪽하게 튀어 나왔다. 눈은 바깥 세상을 보는 뇌이다. 눈은 빛의 강약 및 파장을 받아들여 뇌에 시각을 전달하는 감각 기관이다. 눈은 그 사람을 표현하기 때문에 눈의 초점을 보면 그 사람의 지능도 대충 짐작할 수 있다고 한다. 눈을 보면 건강 신호가 있는데 눈에 핏기가 도는 것은 뇌가 피곤하다는 것이고 뇌가 고된 것은 몸이 힘들다는 말이 된다. 사람이 피곤하면 눈뜰 기력도 없다. 그러나 건강하고 영리한 사람의 눈에는 총기가 있다. 사람은 제일 먼저 눈을 뜨면서 시작하고 눈감음으로 인생을 끝낸다.

나는 눈에게 "나는 마음속 인체의 세계를 다니며 진리를 배우고 있습니다. 당신에 대해 알려 주시기를 바랍니다."

눈은 "눈은 사색과 깨달음의 이해력을 의미합니다. 사물을 비교 분석하고 해석하여 진리를 아는 것을 말합니다. 눈은 몸의 등불이니 그러므로 네 눈이 성하면 온 몸이 밝을 것이요 눈이 나쁘면 온 몸이 어두울 것이니 그러므로 네게 있는 빛이 어두우면 그 어둠이 얼마나 더하겠느냐는 말씀이 있습니다." (마6:21-23).

나는 "눈은 진리에 대한 이해이군요?"

그는 "네, 주님은 눈과 빛을 같은 의미로 말씀하셨어요. 진리를 이해한다는 것은 빛 가운데 사는 삶을 의미합니다."

나는 "눈먼 자가 눈을 뜨는 것은 무엇을 의미하나요?"

그는 "주님께서 눈먼 자를 고쳐주신 이야기는 영안을 열어주시는 주님의 능력을 말합니다. 본다는 것은 진리의 이해를 의미합니다. 엠마오로 가는 제자는 동행하는 주님을 알아보지 못했습니다. 예수께서 빵을 들어서 축복하시고 떼어서 그들에게 주시자 눈이 열려서 주님을 알아보았습니다." (눅24:29-30).

나는 "주님께서 빵을 떼어서 주셨다는 의미는?"

눈은 "먹고 마신다는 것은 교육을 뜻합니다. 주님께서 가르치셨다는 것을 의미합니다."

나는 "그러면 눈먼 자는 무엇을 의미합니까?"

그는 "눈이 멀었다는 것은 두 가지 의미가 있습니다. 하나는 거짓이고 다른 하나는 진리에 대한 무지입니다. 눈이 멀었다는 의미는 천국이 존재한다는 것과 주님께서 그들을 구원하기 위하여 오셨다는 것을 믿지 않는 것입니다."

나는 "주님께서 그들의 눈을 멀게 하시고, 그들의 마음을 무디게 하셨다. 그것은 그들이 눈이 있어도 보지 못하게 하고, 마음으로 깨달아서 돌아서지 못하게 하여, 나에게 고침을 받지 못하게 하려는 것이라고 하셨는데 무슨 의미인가요?"(요12:40).

눈은 "악한 자는 진리에 대해 차라리 무지한 편이 낫다는 의미입니다. 왜냐하면 그들이 진리를 알게되면 그들은 자신들의 이익을 위해 진리를 변질시키기 때문입니다."

나는 "그러면 본다는 의미는 무엇입니까?"

눈은 "진리에 대하여 개방적이고 편견없는 이해를 뜻합니다."

나는 "눈먼 자가 어떻게 눈먼 자의 길잡이가 될 수 있겠느냐? 그러면 둘 다 구덩이에 빠지지 않겠느냐? 눈먼 자가 눈먼 자를 인도한다는 구절이 궁금합니다." (마15:14).

그는 "눈이 멀었다는 것은 진리에 대해 잘못된 이해를 가지고 있음을 말하고, 구덩이에 빠지는 것은 심하게 진리가 왜곡된 상태입니다. 한마디로 지옥을 의미합니다. 눈먼 자가 인도한다는 말은 진리로 자신을 변화시키려고 하지않고 타인을 설득하거나 인도하는 것입니다. 그 결과 둘 다 구덩이에 빠지고 맙니다."

나는 "비록 눈이 멀었더라도 입으로는 좋은 말을 하지 않나요? 그런데 왜 구덩이에 빠지게 되는 거지요?"

그는 "속에는 편견과 탐욕과 독선이 있기 때문입니다. 이런 자를 두고 외식하는 자라고 합니다. 이들은 눈에 들보가 있는 자입니다. 들보는 진리의 이해를 막고 왜곡합니다." (마7:5).

나는 "인도자는 먼저 자신을 살펴보아야 한다는 말씀인가요?"

그는 "눈먼 자에게 길을 잃게 하는 자는 저주를 받을 것이라고 했습니다. 이 말씀의 의미는 어리석고 무지한 사람에게 잘못 가르치는 사람은 자신도 잘못된다는 의미입니다." (신27:18).

나는 "아담과 하와가 그들의 눈이 밝아져 자기들이 벗은 줄을 알고 무화과나무 잎을 엮어 치마로 삼았더라고 했어요."

눈은 "눈이 밝아져서 벗은 것을 알게된 것은 남은 그루터기가 있기 때문입니다. 그루터기는 주님께서 우리에게 남겨주신 신성한 부분입니다. 하나님의 소리를 듣고 무화과나무 잎으로 가리고 나무 뒤에 숨었다는 것은 그들에게 아직 선이 남아 있다는 증거입니다. 눈이 열려서 자기 안에 악이 들어있음을 지각한 것입니다."

나는 "롯이 눈을 들어 요단 지역을 바라보았다고 했습니다. 눈을 들어 본다는 것은 무슨 의미인가요? "(창13:10).

눈은 "롯이 눈을 들었다는 것은 깨달음을 말합니다. 아브람도 눈을 들어 천사를 보았습니다."(창18:2).

나는 "하나님이 하갈의 눈을 밝히셨으므로 샘물을 보고 가서 가죽부대에 물을 채워다가 그 아이에게 마시게 하였다는 말은 무슨 의미인가요? "(창21:19).

눈은 "하나님께서 그녀의 눈을 여셨다는 것은 총명을 의미합니다. 샘물은 진리의 말씀을 의미합니다. 그리고 아이에게 마시라고 주었다는 것은 영적인 가르침을 말합니다."

나는 "레아는 시력이 약하다는 말이 나오는데 그 의미는? "

눈은 "레아의 시력이 약하다는 의미는 진리에 대한 이해력이 약하다는 의미입니다."

나는 "만일 육체가 죽게 되면 저세상의 광경을 보게 되나요?"

눈은 "사람이 죽으면 영의 눈이 제일 먼저 살아납니다. 그래서 강렬하고 찬란한 광휘가 눈에 쏟아집니다. 영은 영의 세계를 보는 눈을 가지고 있습니다. 그러니까 영들은 눈으로 서로를 볼 수 있습니다. 우리들도 죽으면 서로를 알아볼 수 있습니다. 예언자들이 눈이 열려 천국의 환상을 보게된 것과 같은 이치입니다."

나는 "죽으면 천사들을 볼 수 있나요?"

눈은 "당연합니다. 저 세상에 가면 즉각 천사들이 영접합니다. 천사들은 할 수 있는 모든 것을 그에게 해줍니다. 천사는 그 사람의 상태에 맞게 주님에 관해서 천국에 관해서 저세상의 삶에 관해서 이야기를 해줍니다."

나는 "아! 한 가지 더 알려 주세요. 눈물은 무슨 의미인가요?"

눈은 "성경에 애논이라는 곳에 물이 많아서 세례요한이 세례를 베풀었습니다. 애논은 눈이라는 의미를 가지고 있는데, 이곳을 눈물이라고 부릅니다. 땅에서 솟구치는 샘물이 눈에서 눈물이 나오는 것과 같아서 그렇게 불렀습니다." (요3:23).

나는 "눈물은 회개를 의미하나요?"

눈은 "요한의 회개의 세례는 마치 눈물을 자아내는 것과 같습니다. 멋있는 말이지 않습니까? 참회의 눈물은 굳어진 마음이 부서져야 터져 나옵니다. 회개의 눈물이 나오는 것은 죄를 자각시키는 진리의 영이 그 속에서 작업하고 있다는 증거입니다."

나는 "세례 요한은 애논에서 세례주었습니다."

눈은 "애논은 요단강 서쪽, 가나안 지역 내에 위치하고 있습니다. 애논의 물은 샘물입니다. 진리는 생각에서 흘러나와 생활에 적용되어야 합니다. 적극적으로 진리가 작동되어야 합니다. 사람이 진리를 가지고 성실하게 실천할 때 생명의 물이 됩니다."

나는 "그 나라에 이르러서 주님께서 모든 눈에서 눈물을 닦으신다고 했습니다. 무슨 의미인가요?"(계21:4).

눈은 "주님께서 마음의 모든 슬픔을 거두어내신다는 의미입니다. 더 이상 악과 거짓에 맞서는 전투가 없고 슬픔안에 머물지않기 때문입니다."(계7:17).

☞적용 : 영적 눈이 열려져 있는가?

피부를 만나다

– 믿음의 고백 –

피부는 몸을 둘러싸고 있는 보호막이다. 피부는 몸의 조직이나 기관 가운데 가장 단단하고 질긴 부위로 심한 충격이 아니면 잘 찢겨지지 않아서 신체 보호, 체온 조절, 피부 호흡 등의 작용을 한다. 부드럽고 윤기있는 어린아이의 살갗도 시간이 지나면 기름기와 탄력을 잃은 노인의 손등처럼 주름지고 거칠어진다. 피부는 곧 나이의 시계이며 건강의 리트머스이다. 피부는 병원균의 차단은 물론 자외선과 추위, 열 등의 물리 화학적 자극을 차단한다. 또 피부는 체온조절의 기능도 한다. 그래서 더우면 피부의 혈관이 확장되어 땀을 흘려 열을 밖으로 내보내는 일을 한다. 반면에 추우면 혈관이 수축하여 피지샘에서 분비된 지방성분이 지방막을 만들어 추위를 막는다.

나는 피부에게 다가가 "나는 마음속 인체의 세계를 다니며 진리를 배우고 있습니다. 당신에 대해 알려 주시기를 바랍니다."

피부는 "우리는 살과 뼈를 보호하고 근육을 감싸는 가장 바깥 부분입니다. 그래서 외부의 불순물을 막는 역할을 합니다. 피부는 몸 전체를 감싸고 있어서 몸의 심장과 폐, 장기를 보호합니다."

나는 "피부는 기관을 보호하는군요."

피부는 "피부는 외적인 부분을 감싸는 부분입니다. 영적으로 피부는 내면의 원리가 외적으로 나타나는 결과를 의미합니다. 그래서 피부는 생각을 드러내기도 하고 속을 감추기도 합니다."

나는 "모세가 십계명을 받고서 시내산에서 내려올 때 얼굴 피부에 광채가 났다고 했습니다. 무슨 의미이지요?" (출34:29).

피부는 "피부는 믿음의 고백과 같습니다. 모세의 얼굴 피부가 빛났다는 것은 내적 진리가 외부로 빛을 드러낸 것을 의미합니다. 피부에 문제가 발생한 것은 안과 밖이 달라서 생깁니다. 마음속 인체의 세계에서 피부병은 마음과 행동이 다를 때 생깁니다."

나는 "그러면 피부병은 위선을 의미하나요?"

피부는 "네, 진리에 대해 진실하게 고백하지 않고 반복적으로 눈속임을 하거나 거짓 고백을 하다보면 악이 들어옵니다. 그러니까 마음에는 없으면서 입으로 고백하다 보면 결국 말과 행동이 불일치가 되어 진리를 더럽히게 됩니다. 그래서 이런 상태를 두고 성경에는 문둥병 혹은 피부병이라고 하는 것입니다."

나는 "아! 거짓 고백이요?"

피부는 "거짓 고백으로 인한 피부병은 신성모독입니다. 진정으로 회개하지 않고 욕심을 채우는데 신앙을 이용하면 위선하게 됩니다."

나는 "성경에 피부병은 두드러기, 딱지, 반점을 말하는데, 마음의 세계에서 피부병의 정의는 무엇입니까?"

피부는 "신성모독입니다. 두드러기, 딱지, 반점은 감각적, 세상적, 이기적 동기를 가진 상태입니다. 그러면 그 환자는 제사장에게 가야만 합니다. 피부병은 순수가 파괴된 상태를 말합니다. 진리를 가진 자들이 순수함을 잃어버려서 진리를 행하고자 하는 마음이 없으면 결국 신성모독죄를 저지릅니다."

나는 "이런 경우에는 어떻게 깨끗해지나요?"

피부는 "자신의 행위를 돌이키고 회개해야 합니다. 거듭나야만 합니다. 중요한 것은 주님께 자원하는 의지를 가지고 나가지 않고는 결단코 악을 제거할 수 없습니다. 숨겨둔 악은 쉽사리 제거되지 않습니다. 악을 기꺼이 제거하겠다는 확고한 의지가 필요합니다."

나는 "음, 그러면 미처 감지하지 못한 잘못을 깨끗해지기 위해서 기도해야 하겠군요. 자기 허물을 능히 깨달을 자 누구리요. 나를 숨은 허물에서 벗어나게 하소서!" (시19:12).

피부는 "깨끗해지기 위해서는 먼저 의지할 데 없는 자신의 상태를 생각해야 합니다. 자신이 그간 만들어 놓은 신성 모독은 스스로 없앨 수 없습니다. 먼저 자신이 진리를 모독했음을 스스로 인정하고, 다시말해서 자기의 삶이 무질서였음을 직시하고 반드시 주님께 나와야 합니다."

나는 "신성모독의 인물로 누구를 꼽을 수 있나요?"

피부는 "가룟 유다입니다. 그는 진리를 자신의 이익을 위한 도구로 사용했습니다. 우리도 진리를 가지고 마음을 깨끗하게 하는데 사용하는 대신에 이기적이고 세상적인 목적으로 사용한다면 신성한 진리를 모독하게 되는 것입니다."

나는 "진리를 자기 이익을 도구로 사용한 예가 있나요?"

피부는 "유월절에 빌라도가 죄인을 놓아준 전례입니다. 유월절이 되면 죄없는 자는 놓아주고 죄인을 죽이는 관례가 있었습니다. 그런데 유대인들은 그 절차를 뒤엎고 죄없는 주님을 십자가에 못박고 죄인 바라바를 석방했습니다. 그들은 유월절을 모독했습니다. 빌라도가 예수를 석방하면 어떻겠느냐고 제의했지만 유대인들은 귀먹은 독사와 같았습니다. 그들은 악을 쓰며 그 자가 아니라 바라바를 놓아주시오! 하고 소리 질렀습니다."

신앙과 불신앙의 차이는 마음속에 어떤 목적이 있느냐이다. 목적은 가장 크게 여기는 지배적 사랑이다. 이를 주도애라고 하는데, 주도애에 따라 믿음이 주어지기 때문에 결국 불신앙이 생긴다. 그러므로 불신앙의 바탕은 인간의 마음이다. 그러므로 마음속의 목적이 바뀌지 않으면 불신앙은 여전히 온몸 전체를 쥐고 흔들 것이다.

☞적용 : 당신은 마음과 삶이 일치하는가?

고환을 만나다

- 결합의 힘 -

고환은 정자를 만들어내는 남자의 생식기관이다. 고환은 메추리알보다 조금 크며 좌우 두개가 비대칭으로 몸밖에 불거져 나와 있다. 밖으로 나왔다는 것은 온도에 민감하다는 증거이고, 비대칭은 두개가 정면으로 충돌하는 것을 피하기 위함이다. 보통 고환의 온도는 체온보다 3-5 °C낮다. 그래서 음낭은 주름이 많이 잡혀서 열을 빨리 발산할 수 있으며 기온이 낮으면 위로 올라붙고 기온이 높으면 아래로 축 쳐지는 근육이 있다. 고환에서 정자가 만들어지고 남성 호르몬이 만들어진다. 이 호르몬으로 인해 남자는 사춘기 이후에 근육이 발달하고 수염과 체모가 나며 굵은 음성과 진취적인 성격이 나타난다. 동물의 고환을 제거하는 것을 거세라고 하는데 사람도 선천적, 후천적으로 고환이 없어서 남성 호르몬이 만들어지지 않으면 음성과 행동이 여자와 비슷해져서 불알 없는 남자가 된다.

나는 고환에게 "나는 마음속 인체의 세계를 다니며 진리를 배우고 있습니다. 당신에 대해 말씀해 주시기를 바랍니다."

고환은 "우리는 남자에게만 있습니다. 고환은 여자와 결합하는 힘입니다. 영적으로 남자는 진리를 의미하므로 고환은 선과 결합하고자 하는 마음을 의미합니다."

나는 "제사장 아론의 자손 중에 고환상한 자는 여호와께 화제를 드리지 못한다고 했습니다."(레21:20-21).

고환은 "고환 상한 것은 진리가 선과 결합하는 힘에 문제가 생긴 것을 뜻합니다. 화제는 불로 드리는 제사를 의미하는데, 주님의 선을 의미합니다. 진리에 문제가 발생하면 주님의 선을 받아들이지 못합니다."

나는 "소와 양 같은 제물 중에 고환이 상하였거나 치였거나 터졌거나 베임을 당한 것은 여호와께 드리지 말고 너희의 땅에서 이런 일을 행하지도 말라고 했습니다."(레22:24).

고환은 "고환이 타박상을 입은 것, 으스러진 것, 깨진 것, 베임을 당한 것은 사랑과 지혜, 선과 진리, 선행과 신앙, 애착과 총명이 결합을 이룰 수 없으므로 거룩하지 않습니다. 너희 땅에서 그런 것을 바치는 일이 없어야 한다는 말은 주님께 결합할 수 없는 것은 봉헌될 수 없다는 뜻입니다."

나는 "고환이 상한 자나 음경이 잘린 자는 여호와의 총회에 들어오지 못한다고 했습니다."

고환은 "고환이 상한 자는 선을 거절하는 자를 의미합니다. 진리가 선의 애착이 없기 때문에 결국 이런 자는 선과 진리의 결합을 부인합니다. 선과 진리의 결합이 없으면 천국을 이룰 수 없습니다."

나는 "그러면 선과 결합되지 못하면 악만 남게 되나요?"

고환은 "네, 악만 남습니다. 그리고 지옥에 떨어지고 맙니다."

나는 "부부는 남자와 여자가 결합한 상태를 말하지요?"

고환은 "서로 사랑하는 부부는 마음의 연합을 이룹니다. 연합의 정도에 따라서 부부 사랑이 만들어 집니다. 그러므로 부부 갈등이 일어나는 것은 연합하고자 하는 마음이 없기 때문입니다."

나는 "남자와 여자의 연합은 주님의 뜻인가요?"

고환은 "두 사람이 한몸을 이룸은 남자의 진리와 여자의 선에 의

119

해 이루어집니다. 주님은 하나님이 짝지어 주신 것을 사람이 갈라놓아서는 안된다고 하셨습니다. 왜냐하면 선이 진리와 단절되어서는 안되기 때문입니다. 부부는 선과 진리의 결합을 의미합니다."

나는 "주님께서 사람마다 이 말을 받지 못하고 오직 타고난 자라야 할지니라. 어머니의 태로부터 된 고자도 있고 사람이 만든 고자도 있고 천국을 위하여 스스로 된 고자도 있도. 이 말을 받을 만한 자는 받으라고 하셨습니다."

고환은 "유대인들은 여러명의 아내를 거느리고 살았습니다. 그들은 결혼에 관한 주님의 말씀을 듣기에 비위가 상했습니다. 그들은 결혼에 관해서는 어둠속에 머물러 있었습니다."

나는 "어미의 태로부터 된 고자, 사람이 만든 고자, 천국을 위하여 스스로 된 고자는 무슨 뜻인가요?"

고환은 "주님은 그 부분을 선포하시면서 이 말을 받아들일만한 사람은 받으라고 하셨습니다. 그것을 납득할 수 있는 사람은 납득하라고 하신 것입니다. 유대인의 결혼을 영적 의미로 볼 때 간음이었습니다. 고로 주님께서 고자를 말씀하신 이유는 악한 애정을 가지고 결혼관계에 들어가기를 원치 않는 자들을 말합니다. 악한 마음으로 결혼에 들어가게될 경우 진리와 선에 대한 남용이 되기 때문입니다. 고자는 진리와 선에 대한 애착으로 결합한 자를 뜻합니다. 고자라고 부르는 이유는 음란한 것이 결여되었기 때문입니다. 이런 구절은 아름다운 교훈입니다. 세 종류의 고자는 세 부류의 거듭남의 수준을 의미합니다."

나는 "아! 거듭남의 수준이요?"

고환은 "천적 수준의 거듭남은 어머니의 태로부터 고자가 된 사람입니다. 영적 수준의 거듭남은 사람이 만든 고자이고, 자연적 수준의 거듭남은 자기 스스로 고자가 된 사람들을 의미합니다."

나는 "주님께서 모든 남자는 할례를 받으라고 하셨습니다. 할례는 무엇을 의미하나요?"(창17:10-11).

고환은 "할례는 포피의 살을 베는 것입니다. 이는 자아와 세상 사랑을 제거하는 것입니다. 이것은 주님과 언약의 표시입니다."

나는 "자아와 세상 사랑하지 말라는 표시이군요. 그런데 왜 남자는 집에서 난 자나 이방 사람에게서 돈으로 산 자를 물론하고 난 지 팔일만에 할례를 받으라고 했나요?"(창17:12-13).

121

고환은 "집에서 태어난 자나 돈 주고 산 자들 모두 꼭 할례를 받아야 한다는 말은 주님 안에 있는 자들은 자아와 세상 사랑을 완전히 제거해야만 함을 의미합니다. 이는 주님과 영원한 언약을 위한 의식이라고 하였습니다. 언약은 결합을 의미합니다."

나는 "왜 할례는 남자만 받아야 하나요?"

고환은 "남자는 진리안에 있는 자들을 의미합니다. 할례받지 않은 남자는 진리가 없는 자입니다. 남자가 할례를 받지 않으면 진리를 더럽히게 됩니다. 할례받지 않은 자는 상대방을 오염시키게 됩니다. 그래서 할례를 받지않은 남자 곧 양피를 베지 아니한 자는 백성중에서 끊어진다고 했습니다. 주님의 언약을 배반하였기 때문입니다."

나는 "십보라가 차돌을 취하여 그 아들의 양피를 베어 모세의 발앞에 던졌다고 했습니다. 무슨 의미인가요?" (출4:25).

고환은 "더러운 사랑을 제거한 것입니다. 포피는 하늘의 사랑을 더럽히는 세상적이고 육신적인 것을 의미합니다."

☞적용 : 선해지고자 하는 진리를 가지고 있는가?

손을 만나다

– 마음속 의지 –

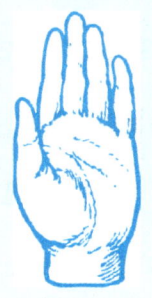

손은 무엇을 잡거나 만지는 데 쓰인다. 나는 손에게 "나는 마음속 인체의 세계를 다니며 진리를 배우고 있습니다. 당신에 대해 알려 주시기를 바랍니다."

손은 "손에는 힘이 있습니다. 어떤 행위를 할 때 주로 손을 사용합니다. 영적으로 손은 의지를 의미합니다. 노아가 창밖의 비둘기를 손을 내밀어 방주 안 자신에게로 받아들였다고 했습니다. 힘을 다하여 행동하였음을 의미합니다." (창8:9).

나는 "손은 힘과 능력을 말하는군요."

손은 "주님께서 말씀하시기를 진흙이 토기장이에게 그는 손이 없다 말할 수 있겠느냐고 하셨어요(사45:9). 야곱이 손으로 에서의 발꿈치를 잡았기 때문에 이름을 야곱이라고 불렀습니다." (창25:26).

나는 "손이 발꿈치를 잡았다는 것은 무엇을 의미하나요?"

손은 "야곱의 손으로 에서의 발꿈치를 붙잡고 있었다는 의미는 자연적 진리가 자연적 선에 집착했음을 의미합니다. 야곱이라는 이름은 자연적인 진리의 교리를 의미합니다."

나는 "자기 손으로 만들어 범죄한 은 우상, 금 우상은 무엇을 의미합니까?"(사31:7).

손은 "자아의 탐욕을 의미합니다."

나는 "아브람이 나는 여호와께 손을 들어 맹세한다는 말을 했습니다."(창14:22).

손은 "주님께 보여 드리는 정직한 마음 상태입니다."

나는 "주님께서 마귀에게 시험을 받으실 때 마귀가 시편을 인용해서 말하기를 네가 만일 하나님의 아들이어든 뛰어내리라 그가 너를 위하여 그의 사자들을 명하시리니 그들이 손으로 너를 받들어 발이 돌에 부딪치지 않게 하리라고 하였습니다."

손은 "마귀의 시험의 요지는 자신을 던지도록 하는 데 있습니다. 성경에 하나님이 천사들을 시켜 너를 시중들게 하리니 그들이 손으로 너를 받들어 발이 돌에 부딪히지 않게 하리라고 약속하지 않았소? 하는 말입니다."

나는 "마귀는 무슨 의도로 이런 시험을 했을까요?"

손은 "마귀는 자만하도록 부추깁니다. 마귀가 뛰어내려 보라고 예수의 마음을 흥분시키고자 시도했습니다."

나는 "그렇군요. 뛰어내림이 의미하는 것은?"

손은 "모세의 율법에 집을 새로 짓거든 지붕에 난간을 둘러라. 그러지 않았다가 사람이 떨어지면 너희 집이 그 피 값을 치러야 할 것이라는 구절이 있습니다." (신22:8).

나는 "난간에서 떨어진다고요?"

손은 "모세의 시민법은 영적 진리를 함유하고 있습니다. 집은 마음을 상징합니다. 지붕은 마음의 가장 높은 측면입니다. 떨어지는 것은 영적으로 높은 데서 낮은 데로 떨어지는 것을 의미합니다. 이렇게 될 경우 당사자는 신성 모독이 됩니다. 이로 인해 집안에 피 즉 거짓을 불러들이게 됩니다."

나는 "영적으로 떨어지지 않도록 조심해야 하겠군요."

손은 "높은 데서 떨어지는 것은 질서에서 벗어나는 것입니다. 즉 삶이 퇴보하는 것을 말합니다. 천국은 높게 오르는 것이고 지옥은

125

더 낮은 쪽으로 떨어지는 것입니다."

나는 "악마가 성경을 인용하여 꾀를 내어 말하기를 떨어져라! 그러면 천사들이 손으로 너를 떠받든다고 하였습니다."

손은 "천사들은 질서와 조화를 이루며 살아가는 자를 받들고 보호합니다. 주님은 천사들의 도움이 필요없는 분입니다. 그 이유는 천사도 우리처럼 그분께 기대고 있기 때문입니다."

나는 "그러면 천사의 손은 무엇을 의미하나요?"

손은 "천사의 손은 진리의 힘입니다."

나는 "악마의 시험에 대해 주님께서는 어떻게 하셨나요?"

손은 "주님은 너희 하나님을 떠보지 말라고 하셨습니다. 인간이 주님의 능력을 의심할 때 인간은 하나님을 시험하는 것입니다. 자신이 잘못된 일을 하면서도 하나님이 함께하신다고 떠벌리는 것도 그분을 만홀히 여기는 것입니다. 악마는 이런 식으로 부추깁니다."

나는 "주님께서 오른 손이 죄를 짓게 하거든 그 손을 찍어 던져 버리라고 하셨는데 무슨 의미이지요?" (마5:29-30).

손은 "오른쪽은 의지적 힘을 의미합니다. 오른 손이 죄를 짓는 것은 자발적인 악입니다. 그러므로 자발적 의지가 삶에 자리잡지 못하도록 철저한 자아부정으로 잘라 버려야 합니다.”

나는 “구제할 때에 오른 손이 하는 일을 왼손이 모르게 하라고 하신 말씀의 의미는? ” (마6:3).

손은 “오른손은 선에 바탕을 둔 의지적 행동을 뜻합니다. 그러나 왼손으로 행하는 것은 선한 의도없이 의무적으로 행동하는 것을 뜻합니다. 오른손이 한 것을 왼손이 모르게 하라는 것은 선의 원리로 행하라는 의미입니다.”

나는 “주님께서 나병환자를 고치실 때 그에게 손을 대시며 깨끗하게 되라고 말씀하셨습니다.”

손은 “주님의 손은 그분의 권능을 의미합니다. 주님의 의지와 권능은 언제나 하나입니다. 주님은 원하시면 무엇이든 하실 수 있습니다. 그런데 주님이 뜻하시면서 하실 수 없는 경우가 있습니다.”

나는 “그것이 무엇인가요? ”

손은 “주님은 모든 인간이 구원받기를 원하지만 모든 이가 구원되지는 못합니다. 왜냐하면 인간이 구원받기를 동의해야 하기 때문입니다. 주님은 구원을 강요하지 않습니다. 강요된 구원은 그분

자신의 성품에 위반되기 때문입니다. 애당초 그분께서는 인간에게 자유 의지를 부여하셨고 자유 의지는 인간의 어느 순간에도 보존되도록 하셨기 때문에 강요와 자유 의지가 동시에 존재할 수 없습니다."

나는 "그분의 권능은 어떤 영향을 미칩니까?"

손은 "주님께서 손을 대시는 것은 그분의 권능이 사람의 의식 세계에 들어오는 것입니다. 또한 그 권능이 인간의 의지에 들어오면 삶에서 결실을 맺습니다. 그분의 힘이 영혼과 교통하면서 주님의 뜻이 행동의 결과를 이룹니다."

나는 "예수께서 죽은 소녀의 손을 잡으시자 그 아이가 곧 일어났다고 했습니다. 무슨 의미인가요?"

손은 "주님의 권능이 소녀의 손을 통하여 교통된 것입니다. 손은 의지입니다. 주님께서 소녀의 손을 잡는 것은 사랑과 진리가 의지 가운데 내려와서 생명을 주신 것입니다."

나는 "그 결과 소녀가 일어났군요."

손은 "소녀의 일어남은 영적으로 죽은 상태에서 생명의 상태로 일어난 것입니다. 가장 낮은 상태에서 높은 상태로 깨어난 것을 말합니다."

나는 "빌라도가 예수를 석방할 기회를 찾다가 결국 그는 주님을 유대인에게 십자가형에 처하도록 내어주었습니다. 그리고는 손을 씻었습니다."(요18:16).

손은 "빌라도는 무고한 사람이 죽임을 당하는데 자신은 아무런 책임 없다는 표시로 손을 씻었습니다. 이런 빌라도의 모습은 거듭나지 못한 자연인이 흔히 범하는 책임전가의 행위입니다. 옳은 것을 알면서 실천할 힘을 가지고 있지만 막상 현실에 부딪치면 이익에 끌려 행동합니다. 선을 행할 줄 알면서 행치 않으면 결국 악에게 이끌리는 것입니다."

나는 "왜 그렇지요?"

손은 "세상의 자녀들이 빛의 자녀보다 그들 세대에서는 더 지혜롭기 때문입니다. 그래서 빌라도는 올바른 판단대로 행동하지 않고 유대종교 의회의 결정과 군중에 따른 것입니다."

☞적용 : 당신은 손으로 돈, 가정생활, 행동에 대해 어떤 처신을 하는가?

무릎을 만나다

– 애착 –

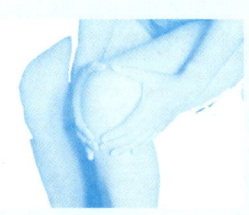

무릎은 넓적다리와 정강이 사이에 있는 관절의 앞부분이다. 무릎을 꿇을 때는 주로 복종하거나 굴복할 때이다. 그런가 하면 손으로 무릎을 탁!하고 치는 것은 갑작스럽게 어떤 생각이 떠올랐을 때이다. 이처럼 무릎은 어떤 전환점을 의미한다.

나는 무릎에게 "나는 마음속 인체의 세계를 다니며 진리를 배우고 있습니다. 무릎은 무엇을 의미하는지 말씀해 주시기를 바랍니다."

무릎은 "우리는 땅에 몸을 엎드리고 꿇는 행위입니다. 이런 상태는 겸손에서 비롯됩니다. 영혼이 낮아져서 주님을 두려워하는 마음으로 주님께 겸손을 드리는 태도입니다."

나는 "무릎을 꿇으려면 무릎 관절을 꺾어야 합니다."

무릎은 "무릎이 꺾이는 지점은 영적인 것과 자연적인 것의 경계선입니다. 무릎 위로는 영적인 부분을 의미하고 무릎 아래는 자연적 부분을 의미합니다. 무릎 꿇는 것은 경배의 중요한 징표입니다."

나는 "그렇다면 무릎의 연결고리를 통해서 영적인 부분과 자연적 부분이 만나는군요?"

무릎은 "네, 주님께서 내 입에서 공의로운 말이 나갔은즉 돌아오지 아니하나니 내게 모든 무릎이 꿇겠고 모든 혀가 맹세하리라고 했습니다. 무릎을 꿇는 것은 진리 자체가 되신 주님께 경배한다는 말씀입니다. 주님을 인정하고 감사하는 것입니다."(사45:23).

나는 "무릎을 꿇을 때는 자의적으로 해야 되겠지요?"

무릎은 "흔히 사람들은 기도할 때 무릎을 꿇습니다. 무릎을 꿇게 되면 마음으로 겸손의 영을 느끼게 됩니다."

나는 "무릎을 꿇게 되면 고개도 자연스럽게 숙이게 되던데요. 구부린 무릎과 고개 숙인 머리는 겸손하게 만드는 것 같아요."

무릎은 "무릎 꿇음은 악에 기울려는 경향성을 억제하는 수단입니다. 자신은 아무 것도 아님을 인정하고 주님께 순종하고자 할 때

131

무릎꿇게 되고 주님은 그를 인도하시고 보호하십니다. 그런데 자신이 잘났다고 여기고 고개를 꼿꼿하게 세우고는 주님께 무릎 꿇지 않는 것은, 마음의 악한 경향성이 주님의 인도와 보호를 거절하고 악령의 수중에 자기 영혼을 밀어넣는 어리석은 행위입니다."

나는 "바로가 요셉을 총리로 세우고는 수레에 태우고 무리에게 무릎을 꿇으라고 소리를 질렀습니다."(창41:43).

무릎은 "과거에는 임금이 병거에 오를 때 백성들이 무릎을 꿇었습니다. 그러면 왕은 백성의 경배를 자기 것이라고 여기지 않고 왕권으로 돌렸습니다. 왕에게 왕권은 법이고 진리입니다. 그러면 왕은 법의 수호자로써 의무를 다했습니다."

나는 "아! 그렇군요. 만일 왕이 법을 떠나면 어떻게 되나요?"

무릎은 "그렇게 된다면 우상숭배입니다."

나는 "아! 왕은 진리의 수호자를 의미하는군요. 무릎을 꿇으라고 외치는 것은 진리에 경배하라는 의미이군요."

무릎은 "무릎을 꿇는 일은 경배하겠다는 의지가 겉으로 드러난 것입니다."

나는 "아브라함의 종이 리브가를 만나는 장면에서 낙타를 성 밖 우물 곁에 무릎을 꿇렸다고 했습니다."(창24:11).

무릎은 "낙타의 상징적 의미는 자연적이고 일상적인 기억을 의미합니다. 우물은 진리를 상징합니다. 낙타를 무릎 꿇게 했다는 말은 자연적 기억이 진리를 받을 준비가 되었음을 의미합니다. 이는 진리의 물을 받아들이기 위한 준비 상태입니다."

나는 "낙타가 우물곁에서 무릎을 꿇는 것은 자연적 지식이 진리를 받기 위해 기다리는 모양새이군요. 거룩한 진리를 받기 위해 겸손한 자아를 만들었군요."

무릎은 "무릎은 결합을 의미합니다. 라헬이 야곱에게 말하기를 내 여종 빌하에게 들어가라. 그가 아들을 낳아 내 무릎에 두리니 그러면 나도 그로 말미암아 자식을 얻겠다고 말했습니다. 비록 종이 아이를 낳는 것이지만 자기 무릎에 아이를 두는 것은 그 아이와 결합을 의미합니다."

나는 "여호와께서 내가 그에게 평강을 강같이 그에게 뭇 나라의 영광을 넘치는 시내같이 주리니 너희가 그 성읍의 젖을 빨 것이며 너희가 그 무릎에서 놀 것이라고 했습니다. 무릎에서 논다는 의미는?"(사66:12).

무릎은 "무릎은 사랑을 의미합니다. 무릎에서 논다는 의미는 주님과 결합을 의미합니다. 결합은 그분이 우리안에, 우리가 그분안에 있는 것입니다. 주님께서 이런 말씀을 하셨습니다. 내가 문밖에 서서 문을 두드리고 있다. 누구든지 내 음성을 듣고 문을 열면 나는 그 집에 들어가서 그와 함께 먹고, 그도 나와 함께 먹게 될 것이라고 했는데, 결합을 의미합니다."(계 3:20).

무릎은 영적인 면과 자연적인 면, 주님과 교회의 결합을 의미한다. 성경에 어느 아버지는 아들의 간질병을 고쳐달라고 주님께 무릎을 꿇고 자비를 베풀어 달라고 간청했다. 영적 속박과 불행을 해결하기 위해서 신성의 절대적이고 직접적인 간섭이 절대로 필요하였기 때문이다. 그는 무릎을 꿇고 주님의 도우심을 구했다. 이제 우리도 주님의 도우심을 간구하며 무릎을 꿇고 주님과 결합을 간구하자! 주님께서 마음의 생각과 애정에 내려오시기를 간구한다. "주여! 더러워진 내마음에 악의 먼지를 제거하시고 주님의 신성이 마음에 들어와 새롭게 하소서!"

☞적용 : 주님께 무릎 꿇는 삶을 살고 있는가?

넓적다리를 만나다

- 사랑 -

넓적다리는 골반에서 무릎 관절까지의 부분이다. 나는 넓적다리에게 "당신에 대해 말씀해 주시기를 바랍니다."

넓적다리는 "주님의 입에서 이한 검이 나오니 그것으로 만국을 치겠고 친히 저희를 철장으로 다스리며 또 친히 하나님 곧 전능하신 이의 맹렬한 진노의 포도주 틀을 밟겠고 주님의 옷과 넓적다리에 만왕의 왕이요 만주의 주라고 이름이 쓰여 있습니다."(계19:16).

나는 "무슨 의미인가요?"

넓적다리는 "흔히 넓적다리와 허리는 근본되는 사랑을 의미합니다. 넓적다리가 주님과 연관되어 말할 때는 선과 연관된 사랑을 의미합니다. 여기서 주님께서 군대의 지도자로 등장한 것은 선으로 악을 정복하기 때문입니다. 그분의 입에서 나오는 예리한 칼은 진

135

리를 의미하는데, 진리가 거짓과 싸울 때는 칼로 표현하지만 악과 싸울 때는 쇠지팡입니다. 그분께서 포도즙 틀을 밟는 것은 심판을 의미합니다."

나는 "심판받는 자는 보복당하는 느낌을 받겠군요."

넓적다리는 "아마도 당하는 입장에서는 그럴 것입니다. 그러나 주님의 성품은 순수한 지혜와 사랑입니다. 그 증거가 그분의 넓적다리와 옷에 쓰인 이름입니다."

나는 "주님의 속성이 순수한 지혜와 사랑이라는 의미이군요."

넓적다리는 "주님은 왕 중의 왕이요 만주의 주이십니다. 왕으로 부를 때는 지혜이고, 주라고 부를 때는 사랑을 의미합니다."

나는 "자기 넓적다리에 검을 놓으라는 말씀은?" (출32:27).

넓적다리는 "넓적다리는 사랑에서 비롯된 선인데, 넓적다리 위에 놓인 칼은 거짓과 대항해서 전투하는 진리를 의미합니다."

나는 "아브라함이 자기 집 모든 소유를 맡은 늙은 종에게 손을 넓적다리에 밑에 넣으라고 했습니다." (창47:29).

넓적다리는 "고대인들은 결혼 서약이 있을 때 넓적다리 아래 손을 놓는 의식이 있었습니다. 손을 넓적다리에 놓는 의식은 거룩한 서약을 의미합니다."

나는 "야곱이 얍복 강가에서 밤중에 어떤 사람과 씨름할 때 그 사람이 넓적다리 우묵한 곳을 쳐서 위골되었습니다."(창32:25).

넓적다리는 "사실 위골되면 절룩거릴 수조차 없습니다. 그러나 절룩거렸다고 표현하는 것은 영적으로 높은 세계의 선과 결합이 제대로 되지 못한 부족한 상태라는 의미입니다."

나는 "인간의 넓적다리는 즐거움이 없다고 했습니다."(시147:10).

넓적다리는 "인간에게는 근본적으로 악밖에 없기때문입니다."

나는 "인간의 악이 자아 사랑에서 온다고 들었습니다. 그리고 베로 고의를 만들어 허리에서부터 넓적다리까지 이르게 하여 하체를 가리게 하라는 말은? "(출28:42).

넓적다리는 "허리에서부터 넓적다리까지는 내면에서 외면에 이르기까지 순수한 사랑을 유지하라는 의미입니다. 베로 반바지를 만드는 것은 외적인 사랑을 의미하는데, 하체를 가리는 것은 지옥과 같은 면이 드러나지 않도록 하라는 의미입니다."

☞적용 : 선으로 악을, 진리로 거짓을 이기고자 하는가?

어깨를 만나다

– 영적 힘 –

어깨는 머리에서 몸통이 이어지는 등판 위쪽의 넓은 부분이다. 나는 어깨에게 "당신에 대해 말씀해 주시기를 바랍니다. 어깨는 무엇을 의미하나요?"

어깨는 "어깨는 영적인 힘입니다. 영적 힘의 근본은 진리이고, 진리로 인한 선입니다. 다시 말해 진리를 사랑하고 진리를 실제적으로 사용함으로 생산되는 선입니다. 목자가 잃은 양을 찾아 기뻐서 어깨에 메고 되돌아온다는 말씀이 있습니다. 어깨에 메는 것은 물건을 떨어뜨리지 않도록 바짝 들어올려 지지하기 위해서입니다." (눅15:3-7).

나는 "주님께서 양을 어깨에 올리셨군요."

어깨는 "어깨에 올리는 것은 주님의 권능입니다. 주님께서 힘을 발휘하셔서 타락한 인간이 생명의 근원되신 주님을 알게 하고 주님과 관계가 회복되도록 하신다는 의미입니다."

나는 "그렇게 되려면 어떻게 해야 하나요?"

어깨는 "먼저 이기심을 버려야 합니다. 그리고 순수한 마음으로 생명의 근원되신 주님을 찾아야 합니다. 더 자세하게 말한다면 진리에 대한 순수한 마음으로 첫사랑을 회복해야 합니다."

나는 "어떻게 해야 순수한 마음을 회복할 수 있을까요?"

어깨는 "천국에서 흘러 들어오는 생명과 선한 마음이 만나야 합니다. 그것은 곧 잃었던 순수를 되찾는 작업입니다. 순수를 찾게 되면 선이 회복되어 주님의 생명이 주어집니다."

나는 "그렇다면 힘을 다해서 순수한 마음을 찾아야 하겠군요."

어깨는 "네, 순수를 찾는 것은 곧 천국을 얻는 것입니다. 너희가 어린아이같이 되지 않으면 하늘나라에 들어갈 수 없다는 말씀은 순수를 찾으라는 의미입니다."

나는 "당시 유대 지도자들은 어떠했나요?"

어깨는 "서기관들과 바리새인들은 모세의 자리에 앉아서 말만 하고 행하지 아니하며 또 무거운 짐을 묶어 사람의 어깨에 지우고 자기는 한 손가락으로도 움직이지 않았습니다. 율법의 교훈을 세밀하게 쪼개서 사람들에게 지지 않아도 되는 계명을 만들어 어깨 위에 얹어 놓았다는 그런 말입니다." (마23:4).

나는 "타인의 어깨에 무거운 짐을 얹어 놓았군요. 본래 성직자들은 무슨 일을 하는 자들인가요?"

어깨는 "성직은 삶의 무거운 짐을 지고 가는 자들을 도와주는 직임입니다. 그렇지만 바리새인들은 타인에게 불필요한 짐까지 만들어 메게 했습니다. 어깨는 의지와 지성이 합쳐서 나오는 힘입니다. 사람들의 어깨는 손가락과 대조를 이루고 있습니다. 그 짐을 메도록 만든 사람은 손가락 하나를 가지고 타인에게 큰 짐을 메게 한 것이지요. 그래서 바리새인이 타인의 어깨에 얹은 짐에 대해 그들은 손가락 하나 까딱하려 하지 않는다고 한 것입니다."

나는 "가장 큰 힘과 가장 적은 힘의 대조이군요. 어깨와 팔과 손을 어떻게 구분할 수 있나요?"

어깨는 "손은 힘을 의미하고 팔은 더 큰 힘을 의미하고 어깨는 모든 힘입니다."

나는 "어떤 힘인가요?"

어깨는 "지성과 의지의 힘입니다. 위선자들은 타인의 의지와 지성을 자신에게 종속되게 하기 위해서 권력을 행사합니다. 바리새인은 영적 십장과 같습니다. 그들은 백성들에게 벽돌을 가르쳐 주지도 않으면서 벽돌을 구워 내라고 다그칩니다. 그들이 원하는 것은 무거운 짐입니다. 그들이 지워 놓은 짐은 겉으로는 멀쩡하지만 내적으로는 무겁고 괴로운 악과 거짓뿐입니다."

나는 "오늘날에도 그런 자들이 있나요?"

어깨는 "악과 거짓을 따르는 자들은 모두 바리새인과 같은 자들입니다. 오늘날에도 바리새인같이 무거운 짐을 불어넣는 자들이 있습니다. 그들은 십자가를 말하면서 마치 주님이 모든 짐을 다 거두어 주신 것처럼 말하면서 실상은 사람들에게 탐욕과 이기심을 불어넣어 더 무거운 악의 짐을 지게 만들어 눈을 멀게 하고 지옥으로 이끄는 무서운 자들입니다. 맹인이 맹인을 인도하는 격입니다."

나는 "아! 무섭군요. 옳바른 진리의 경각심없이 무조건 주님이 다 하셨으니 너희들은 안심하라고 말하면서, 어리석은 자들을 꼬드기어 더러운 욕심과 자만심으로 종교적 교만에 쩌들게 만들고는 신학이 어쩌니 하면서 잘난 체하는 모습을 많이 보았습니다. 그들 대부분 무언가에 중독되어 가정을 내팽개치고는 화려한 옷을 입고 이리저리 돌아다니지만 삶은 더러운 정욕에 섞여버려 엉망이 되어 있었으며, 그들의 입에서는 더러운 생각이 흘러나와 마치 독사의 맹독을 쏘는 듯 하였습니다. 차마 그 꼴을 보고 있노라니 참으로 역겹고 가증스럽기 이를 데 없습니다. 순수를 잃어버린 더러운 인간을 보는 것이 너무나 슬픕니다.”

어깨는 “네, 오늘날 종교적 현실이 너무 심각합니다. 눈뜨고 보기 어렵습니다. 그러므로 우리는 진리를 어깨에 메야 합니다. 그것은 진리의 삶을 살기위해 힘을 다해 노력하는 것입니다. 아브라함은 떡과 물 한 가죽부대를 하갈의 어깨에 메워 주었습니다(창21:14). 리브가도 물동이를 어깨에 메었습니다.”(창24:15).

나는 “그러면 그 반대의 의미도 있나요?”

어깨는 “왕이 어두울 때에 어깨에 행장을 메고 나갔다고 했습니다. 어둠속에서 어깨에 짊어지는 것은 거짓 아래로 다니는 것을 말합니다.”(겔12:12).

☞적용 : 순수한 목적으로 진리를 실천하고자 하는가?

머리를 만나다

– 높은 원리 –

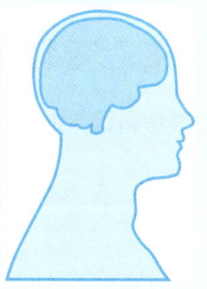

머리는 사람의 목 윗부분에서 머리털이 나있는 부분까지 뇌의 영역이다. 뇌는 전체 뇌의 약 8분의 7을 차지하는 대뇌와 소뇌가 있으며 뇌를 구성하는 신경세포는 1,000억개가 된다고 한다. 뇌가 만들어 내는 그 많은 기능을 인간은 도저히 알 수 없다. 우리 몸에는 머리에서 발바닥까지 신경이 이어져 있어서 자극을 통한 반응이 온 몸에 전달된다.

나는 "나는 마음속 인체의 세계를 다니며 진리를 배우고 있습니다. 당신에 대해 말씀해 주시기를 바랍니다."

머리는 "우리는 가장 높은 차원을 의미합니다. 성경에 여인의 후손이 뱀의 머리를 짓밟을 것이라는 구절이 있습니다(창3:15). 뱀의 머리는 악의 통치권을 의미합니다. 반대로 대적들이 머리가 된다는 말도 있는데 악이 지배하는 것을 말합니다."(애1:5).

나는 "천사의 머리위에 무지개가 있다는 말은?"(계10:1).

머리는 "무지개는 거듭나는 자에게 구원을 주시겠다는 언약의 징표입니다. 천사가 구름에 휩싸였고 머리 위에 무지개가 있다는 말은 주님에게 있는 자연적인 면과 영적인 면을 의미합니다."

나는 "주님께서 악인의 집머리를 치셨다고 했습니다."(합3:13).

머리는 "악인의 집 머리를 쳐부수는 것은 거짓 원리를 파괴하는 것을 말합니다."

나는 "그러니까 머리는 높은 원리를 의미하는군요."

머리는 "사람이 맹세할 때 자기 머리를 두고 맹세한다는 것은 가장 중요하다고 여긴다는 것을 말합니다. 성경에 머리로도 맹세하지 말라 이는 네가 한 터럭도 희게 하거나 검게 할 수 없다고 했습니다. 희고 검게 하는 것은 본인이 진리라고 확신하는 것을 두고 확증하는 것입니다."(마5:36).

나는 "왜 머리로 맹세하지 말라고 했나요?"

머리는 "인간의 지혜는 한계가 있기 때문에 어느 것 하나도 진리라고 확신할 수 없습니다. 다시 말해서 인간의 총명으로 진리를 평가하겠다는 것이 문제입니다. 그래서 주님께서 사람 스스로 머리카락 하나도 희게 하거나 검게 할 수 없다고 말씀한 것입니다."

나는 "머리털은 무엇을 의미하나요?"

머리는 "머리털은 자연적 진리입니다. 어떤 사람이 교리를 진리라고 굳게 믿을 때 그가 그렇게 믿는 것은 그렇게 가르침을 받았기 때문입니다. 배운 것을 가지고 진리라고 여기는 것뿐입니다."

나는 "머리털을 희게 하거나 검게 한다는 의미는요?"

머리는 "머리카락 하나를 희게 만든다는 것은 진리라고 믿는 것이고, 검게 한다는 것은 거짓이라고 비판하는 것을 말합니다. 그러나 진리와 거짓의 판단은 주님만이 하실 수 있습니다. 인간은 정확한 판단이 불가능합니다. 머리를 두고 맹세하는 것 자체도 결국 자신의 머리로 판단하여 스스로 확신한다는 것에서 이미 잘못을 범한 것입니다."

나는 "야곱이 꿈에 사닥다리가 땅 위에 서 있는데 그 머리가 하늘에 닿았고 하나님의 사자들이 오르락내리락 하였다고 했습니다." (창28:12).

머리는 "사다리의 머리가 하늘까지 닿았다는 것은 신성과의 교통을 의미합니다. 머리는 가장 높은 상태를 의미합니다."

나는 "야곱이 아침일찍 일어나 베개로 삼았던 돌을 가져다가 기둥으로 세우고 그 위에 기름을 부은 것은?" (창28:18).

머리는 "돌기둥 머리에 기름을 부은 것은 거룩한 선을 의미합니다. 머리가 신체에서 가장 높은 위치인 것처럼 선이 모든 것을 지배해야 합니다. 야곱이 아침일찍 일어난 것은 영적으로 경성하는 상태를 의미합니다. 야곱이 돌을 세웠다는 것은 진리를 의미합니다. 주변의 돌을 가지고 베개 삼은 것은 신성과 소통되는 자연적 진리의 상태입니다. 그리고 그것을 기둥으로 세운 것은 거룩한 경계를 세우는 것입니다. 그리고 이 장소의 이름이 이전에는 루스였는데 벧엘이라고 부른 것은 상태의 변화를 의미합니다."

나는 "아! 그런 뜻이 있었군요. 시편에는 머리에 있는 보배로운 기름이 수염 곧 아론의 수염에 흘러서 그의 옷깃까지 내림 같다고 했습니다." (시133:2).

머리는 "요셉이 아버지에게 오른손을 장자의 머리에 놓아달라고 부탁하였습니다. 머리에 손을 얹는 것은 복이 마음과 교통하는 것을 의미합니다. 마음은 지성과 의지입니다." (창48:18).

나는 "머리에 손을 놓는 것은 고대인의 풍습인가요?"

머리는 "복을 빌 때 머리에 손을 얹는 것은 고대로부터 지금까지 내려온 의식입니다. 머리는 인간의 지성과 의지를 의미하기 때문입니다. 머리에 손을 놓는 것은 복이 내면과 교통하는 것을 의미합니다."

나는 "사후에 악한 자들이 지옥에 떨어질 때 머리부터 떨어진다고 들었는데 그 말이 맞나요?"

머리는 "사후에는 선한 자와 악한 자가 나뉩니다. 그리고 모든 사람은 각자에게 맞는 영의 세계로 가게 됩니다. 그가 세상에 있었던 동안 살면서 생각을 통해 어울렸던 영들의 세계입니다. 결국 그곳에 당도하고 들어가게 되는데 악한 자는 지옥으로 내던져집니다. 내던져질 때 머리는 아래로 하고 발은 위로 한 채 꼴아 박습니다. 그 이유는 그가 세상에 있는 동안에 거꾸로 된 질서 속에 살았기 때문입니다."

나는 "아! 무섭습니다. 왜 그렇게 되는 것일까요?"

머리는 "그 이유는 저세상의 주인은 질서의 주님이기 때문입니다. 사후에 악한 삶이 선한 삶으로 바뀔 방법이 없습니다. 더구나 지옥의 삶이 천국의 삶으로 바뀌지 못합니다."

나는 "천국에도 머리 부분이 있나요?"

머리는 "네, 교회는 그리스도의 몸이라고 하지 않습니까? 천국은 신체의 구성과 비슷합니다. 천국을 요약해서 말하자면 첫째 천국은 머리를 형성하고 둘째 천국은 가슴이고 가장 낮은 천국은 발을 의미합니다. 바울도 셋째 하늘을 말하지 않습니까?"

나는 "그러면 지상에서 사람들이 많이 올라오면 천국도 그 숫자가 늘어나겠네요?"

머리는 "그렇습니다. 우리 몸이 똑같은 기관이 없는 것처럼 천국도 역시 하나의 몸을 형성하지만 그 안에 있는 부분은 모두 다릅니다. 그리고 하나의 공동체안에 사람들이 많으면 많을수록 더 완전한 공동체가 되어갑니다. 천국에 숫자가 증가할수록 완전을 향해 나아갑니다. 그래서 천사들은 지상에서 거듭난 영혼이 도착하는 것을 보면 너무나 반가워합니다."

나는 "그러면 네 백성의 머리털을 밀어버린다고 했는데 무슨 의미인가요?" (사7:20).

머리는 "머리를 미는 것은 진리가 제거되는 것입니다. 머리를 푸는 것은 머리를 미는 것과 같은 의미입니다. 대제사장은 머리를 풀지 말라고 했습니다." (레21:10).

나는 "관유를 머리에 붓는 것은?" (출29:7).

머리는 "관유는 신성한 선을 의미합니다. 머리에 붓는 것은 머리에서 모든 판단이 이루어지기 때문입니다. 머리에 기름을 붓는 것은 선이 인간 전체에 미치는 것을 의미합니다."

나는 "아론이 제사지낼 때 숫양 머리에 안수하는 것은?" (출29:15).

머리는 "숫양의 머리도 역시 전체를 의미합니다. 머리는 가장 높은 원리입니다. 가장 높다는 의미는 가장 깊다는 뜻입니다. 숫양 머리는 모든 영적 진리를 의미합니다. 그러니까 가장 높고 깊은 영적 진리에서 모든 것이 이루어집니다."

나는 "가장 깊은 것이 무엇입니까?"

머리는 "인간의 의지와 이해입니다."

나는 "그러면 머리와 꼬리를 자르는 것은?"

머리는 "머리는 선이고 꼬리는 진리를 의미합니다. 그러므로 머리와 꼬리를 자르는 것은 선과 진리를 제거하는 것입니다."

나는 "애굽에서는 머리나 꼬리가 할 일이 없다는 말이 있는데 무슨 의미인가요?"(사19:15).

머리는 "선과 진리를 가지고 있지않다는 말입니다."

나는 "요한계시록에 요한이 목격한 주님의 머리와 머리털은 흰 양털같고 눈같다고 했습니다."(계1:14).

머리는 "그분의 머리와 머리카락이 양털같다는 말은 주님은 처음부터 끝까지 지혜와 사랑이 가득함을 의미합니다. 머리는 지혜이고 동시에 사랑입니다. 그러나 지혜없는 사랑이 없듯이 사랑없는 지혜도 없습니다."

나는 "말의 힘은 입과 꼬리에 있는데 꼬리는 뱀 같고, 꼬리에 머리가 있다고 했습니다."(계9:19).

머리는 "꼬리가 뱀 같다는 말은 감각적인 부분을 의미합니다. 꼬리가 뱀 같고, 꼬리에 머리가 있다는 말은 질서가 뒤집혀서 꼬리가 머리가 된 격입니다. 머리는 가장 높은 부분인데 꼬리에 있으니까요. 입으로 진리를 말하지만 모든 진리를 왜곡시킨 것입니다."

나는 "큰 붉은 용이 머리가 일곱이요 뿔이 열이고 머리에 일곱 왕관이 있다고 했습니다." (계12:3).

머리는 "큰 붉은 용은 믿음과 행함을 분리시킨 자들입니다. 믿음은 선한 행실로 증명됩니다."

나는 "용이 붉은 것은?"

머리는 "붉은 용은 지옥의 거짓을 의미합니다. 본래 붉다는 의미는 사랑인데 여기서는 욕심을 뜻합니다. 거짓은 진리를 파괴하기 때문에 용이라고 말한 것입니다. 용이 일곱 머리들을 가지고 있다는 말은 진리 왜곡을 말합니다."

나는 "바다에서 열 뿔과 일곱 머리를 가진 짐승이 나오는데 뿔에는 열 왕관이 있고 머리에는 신성모독하는 이름이 있다고 했습니다." (계13:1).

머리는 "짐승은 거듭나지 않은 자연성의 애착을 가진 자들입니다. 바다에서 나오는 짐승은 아전인수격으로 진리를 해석하는 자들입니다. 이런 자들이 열 뿔을 가진 것은 많은 능력을 소유했다는 뜻입니다. 그리고 머리가 일곱인 것은 완전 거짓된 교리입니다. 그 뿔에 열 왕관이 있는 것은 진리를 변질하는 능력을 말합니다. 뿔은 힘이고 왕관은 변질된 진리입니다."

나는 "뱀의 머리를 짓부수는 것은 무엇입니까?"

머리는 "뱀의 머리는 악의 통치권을 말합니다. 자세하게 말해서 자아 사랑의 원리를 의미합니다."

나는 "용의 머리마다 신성모독하는 이름이 있다고 했습니다. 신성모독은 무엇을 말하나요?"

머리는 "용의 머리는 거짓 교리입니다. 이런 교리는 예수 그리스도께서 신성과 인성이 있는 인격이심을 부인합니다. 인간의 머리로 교리를 만들어서 결국 교리가 날조된 것입니다."

나는 "교리를 스스로 만들다니 미쳤군요."

머리는 "주님의 신성은 천국의 모든 요소입니다. 진리를 부인하는 자들은 주님의 신성을 부인하는 자들입니다."

나는 "어떻게 살아야 주님의 신성을 인정하는 건가요?"

머리는 "주님을 사랑하고 이웃을 사랑해야 합니다. 이웃을 사랑하기 위해서는 선한 행위를 해야 합니다. 주님은 이웃 사랑하는 자와 함께 하십니다. 모든 선이나 지혜가 인간에게 있지 않고 주님 안에 있기 때문에 그분으로부터 선한 것을 배우며 그분의 계명에 순종할 때만이 이웃에게 선을 베풀 수 있음을 인식해야 합니다. 이렇게 인식할 때만이 주님에게 붙어 있게 되어 이웃 사랑의 일을 하게 됩니다."

나는 "주님의 눈은 불꽃같고 머리에는 많은 관들이 있다고 했습니다." (계19:12).

나는 "주님의 눈이 불꽃같은 것은 주님의 사랑과 지혜입니다. 그리고 머리에 관은 거룩한 진리를 의미합니다. 진리를 가진 자들은 머리위에 면류관이 쓰여집니다."

유대인들이 가시나무로 왕관을 엮어 예수의 머리에 씌웠다. 가시로 관을 엮어서 그분의 머리에 씌운 것은 자칭 왕이라 부른 것을 놀려대기 위해서였다. 주님의 왕권은 인간 마음에 있는 신성한 진리의 통치를 표현하는데, 놀려대는 이 모습은 주님의 왕되심에 모독을 가하는 것이다. 주님이 왕되심을 입으로 고백함은 주님의 뜻대로 살겠다는 의지의 표현이다. 그렇다면 조롱한다는 것은무엇인가? 입으로는 고백하면서 정말로 진리를 실천하면서 살고자하는 의지가 없다면 주님을 조롱하는 것이다.

☞적용 : 당신이 신봉하는 최고의 원리는 무엇인가?

목을 만나다

- 소통 -

목은 사람의 머리와 몸통을 잇는 잘록한 부분이다. 나는 목에게 "나는 마음속 인체의 세계를 다니며 진리를 배우고 있습니다. 당신에 대해 말씀해 주시기를 바랍니다."

목은 "우리는 머리와 몸을 이어주는 중간 지대입니다. 음식물이 목을 통해 내려가듯이 목은 소통을 의미합니다. 내적인 것과 외적인 것 혹은 높은 것과 낮은 것의 소통을 의미합니다."

나는 "야곱이 돌을 베개 삼았다는 것도 소통인가요?"

목은 "성경에서 목은 베개로 불리기도 합니다. 야곱이 돌을 베개삼고 누워 잤는데 목과 베개가 접촉을 합니다. 즉 돌베개와 목의 소통입니다. 다시 말하면 진리와 소통을 의미합니다."

나는 "네 손이 네 원수의 목을 잡는다는 말이 있습니다."

목은 "정복자의 손이 원수의 목을 잡는 것은 악마를 정복하는 것을 말합니다. 그로인해 악의 패거리들이 혼비백산하여 도망하게 됩니다." (창49:8).

나는 "목이 뻣뻣한 백성은 무엇입니까?" (출32:9).

목은 "목이 뻣뻣하다는 것은 주님의 진리를 받아들이지 않는 것을 말합니다."

나는 "목에서 멍에를 떨쳐 버린다는 것은?" (창27:40).

목은 "목의 멍에는 소통이 차단된 상태입니다. 목에서 멍에가 떨어지는 것은 해방과 자유입니다."

나는 "요셉이 총리가 되어서 목에 금사슬을 걸었습니다." (창41:42).

목은 "목걸이는 띠와 같습니다. 목에 금 목걸이를 한 것은 내면과 외부가 선으로 결합되었음을 의미합니다."

나는 "양의 첫 새끼의 목을 자른다는 의미는?" (출13:13).

목은 "목은 내면과 외부의 연결 통로입니다. 목을 자른다는 것은 분리시키는 것을 의미합니다."

나는 "주님은 나를 믿는 이 작은 것들 가운데 하나라도 죄짓게 하는 사람은 제 목에 연자 맷돌을 달고 깊은 바다에 던져 죽는 편이 오히려 나을 것이라고 했습니다." (마18:6).

목은 "주님을 믿는 작은 것은 순진무구를 말합니다. 죄짓게 한다는 것은 순진무구를 사라지게 하는 것을 말합니다. 그러니까 순진무구의 원리를 없애고 자아와 세상, 육신의 욕망을 따라가도록 부추기는 것입니다. 차라리 연자 맷돌을 목에 메는 게 더 낫다는 의미는 순진무구를 버린 사람은 악의적으로 악한 욕망을 추구하여 하늘과 소통이 되지 않는다는 뜻입니다."

나는 "목에 연자 맷돌을 매다는 것은 무엇인가요?"

목은 "연자 맷돌은 확증을 의미합니다. 연자 맷돌을 매다는 것은 세상 욕망으로 인해 하늘과 소통이 되지 않는 것입니다."

나는 "깊은 바다에 가라앉는 것은 무엇인가요?"

목은 "깊은 바다는 지옥을 의미합니다. 가라앉는다는 것은 세상적이고 육신적인 것을 추구하여 지옥으로 침전하는 것입니다. 그 결과 끝없는 저주의 수렁으로 떨어집니다. 순수가 사라지고 악을 확증해버리면 이런 끔찍한 상태에 이릅니다."

나는 "순진무구를 사라지게 하는 것은 타인으로 하여금 죄 짓도록 만드는 것이군요."

목은 "주님께서는 남을 죄짓게 하는 그 사람은 참으로 불행하다고 말씀하셨습니다." (마18:7).

나는 "남을 죄짓게 한다는 것은?"

목은 "단순하고 무지한 자들을 의도적으로 주님에게서 멀어지게 만들거나 순수한 마음을 무너뜨리는 자의 결말이 불행하다는 것입니다. 변질된 종교적 상태는 순수하지 못한 결과를 초래합니다."

나는 자기만 알고있다는 식으로 교리를 가르치면서 습관적으로 타인의 인격을 짓밟고 더러운 죄악에 헐떡거리는 파렴치한 종교인을 보았다. 그는 이미 입으로는 성경을 말하나 행실은 악을 확증한 상태였다. 내가 느끼기에 그의 인격은 마치 악마의 화신같았다. 그의 꾀임에 넘어간 자는 이미 한둘이 아니다. 깊은 바다는 그런 자를 위해 입 벌리고 있는 듯 보였다. 그 속에 가라앉는다는 것은 생각만 해도 끔찍한 일 아닌가? 주님의 심판을 두려워하지 않고 적반하장으로 큰소리를 쳐대는 꼴이라니! 분명 천국 백성은 그리 못할 것이다. 그의 목소리는 마치 깊은 지옥으로 떨어지면서 고래고래 원망의 소리를 지르는 것만 같아 보였다.

☞적용 : 순진무구를 잃어버리지 않았는가?

입을 만나다

– 말씀 –

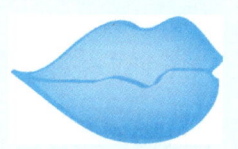

입은 입술에서 목구멍까지의 부분이다. 나는 입에게 " 나는 마음속 인체의 세계를 다니며 진리를 배우고 있습니다. 당신에 대해 말씀해 주시기를 바랍니다."

입은 "우리는 교리, 설교, 대화를 의미합니다. 또는 사고력이나 생각하는 자질을 의미하기도 합니다. 성경에 사람이 여호와의 입에서 나오는 모든 말씀으로 살리라고 하였습니다. 여호와의 입에서 나오는 말씀은 진리를 의미합니다." (신8:3).

나는 "천사가 작은 두루마리를 먹으라고 하면서 배에는 쓰지만 입에는 꿀같이 달다고 했습니다. 무슨 의미인가요?" (계10:9).

입은 "두루마리는 말씀을 의미합니다. 주님께서는 진리를 받아먹으라고 초대하십니다. 사람은 값없이 제공되는 두루마리를

158

사도 요한처럼 가서 받아 먹어야 합니다.”

나는 “두루마리는 어떤 자들에게 주시나요?”

입은 “주님은 기꺼이 순종하고자 하는 자들에게만 진리를 주십니다. 그분은 부르고 명령하시지만 절대로 강요하지는 않습니다.”

나는 “주님께서 말씀하시지만 강요하시지 않기 때문에 인간들이 제 욕심대로 살면서 방자하게 행동하는 것같습니다. 주님을 만홀히 여깁니다.”

입은 “주님의 말씀은 곧 진리입니다. 진리는 순수한 마음으로 순종하겠다는 결심으로 받아들여야 합니다.”

나는 “두루마리를 입으로 먹는 것과 배 안에 들어가는 것은 어떤 차이가 있나요?”

입은 “생각과 의지의 차이입니다. 입은 생각을 의미하고 배는 의지를 의미합니다. 진리가 생각으로는 쉽고 달콤하지만 정작 죄를 버리고 주님을 따르려고 하면 고통이 따릅니다.”

나는 “배의 쓴 맛이군요.”

입은 “진정 주님의 제자라면 당연하게 그분 걸어가신 길을 가야 합니다. 그렇게 살고자 하면 배가 쓰리고 아픕니다. 실제적으로 쓴

맛은 옛 믿음과 새 믿음의 투쟁에서 옵니다. 하지만 위대하고 고귀한 진리의 쓴맛입니다."

나는 "그렇군요. 옛 믿음이란 무엇인가요?"

입은 "인간들은 겉으로 모양 잡는 일에 익숙합니다. 돌로 제단을 쌓을 때 다듬은 돌로 쌓지 말라. 정으로 그것을 쪼면 부정하게 된다는 말씀이 있습니다. 자신이 만든 연장을 가지고 아름답게 만드는 작업을 두고 옛 믿음이라고 합니다."

나는 "자기가 꾸민 신념의 올가미에 스스로 묶이겠는 것을 말하는군요. 아전인수격의 교묘한 신념이군요."

입은 "인간이 악에서 자유를 얻으려면 내적 전투에서 싸움이 종식되어야 합니다. 그러면 그때 평화를 맞이하게 됩니다."

나는 "그렇게 된다면 주님께서 어떤 처방을 내리시나요?"

입은 "주님은 요한에게 여러 백성들과 민족들과 언어와 왕들 앞에서 예언을 해야 한다고 하셨습니다. 백성과 민족은 진리를 삶의 원리로 삼고 실천하는 자들입니다. 언어와 왕은 진리의 지각을 얻은 자입니다."

나는 "노아가 홍수 때에 창밖으로 비둘기를 보냈는데 비둘기 입에 올리브나무 새 잎사귀가 물려 있었습니다."(창8:11).

입은 "잎사귀는 진리를 의미합니다. 올리브나무 잎사귀가 비둘기 입에 물려 있다는 것은 진리가 선과 함께 있음을 의미합니다. 그것은 죄악된 세상에서 우리의 희망입니다."

나는 "내게도 그 희망이 필요합니다. 내게 하루속히 평화의 선이 오기를 간구합니다. 돌이켜 보면 너무 악한 자의 공격과 침투로 인해 그간 너무도 괴로운 시간을 보냈습니다. 모세가 주님께 자신은 입이 뻣뻣하고 혀가 둔한 자라고 고백했습니다."(출4:10).

입은 "모세의 말에 주님께서는 누가 사람의 입을 지었느냐고 하셨습니다. 입은 소리를 내는 기관이기 때문에 입이 뻣뻣하다는 것은 소리가 들리지 않음을 의미합니다. 모세가 그렇게 말한 것은 주님의 음성이 들리지 않는다는 의미입니다. 그러나 인간의 입을 만드신 분은 사람이 생각하게 하시고 말하게 하십니다. 또 주님께서 내가 네 입과 함께 있어서 할 말을 가르치신다고 하셨습니다. 주님의 생명이 인간에게 주어진다는 것을 의미합니다."(출4:12).

나는 "다른 신들의 이름은 부르지도 말며 네 입에서 들리게도 하지 말라는 의미는 무엇인가요?"(출23:13).

161

입은 "다른 신은 거짓된 교리입니다. 그들의 이름은 부르지도 말라는 뜻은 거짓 교리를 생각하지 말라는 것입니다. 그것이 네 입에서 들리게도 말라는 뜻은 거짓 교리에 복종하지 말라는 의미입니다."

나는 "입은 주께 가까우나 마음은 멀다는 말의 의미는?"(렘12:2).

입은 "마음에 있는 것은 입을 통해 전달됩니다. 고로 입은 사상과 생각입니다. 마음에서 멀다는 의미는 의지가 없는 믿음을 의미합니다."

나는 "입에서 좌우에 날선 검이 나오고 그 얼굴은 해가 힘 있게 비치는 것 같다고 했습니다. 무슨 의미인가요?"(계1:16).

입은 "주님의 입에서 날카로운 양날 검이 나온다는 의미는 주님의 말씀을 통해 거짓이 흩어짐을 의미합니다."

나는 "말의 머리는 사자 머리 같고 그 입에서는 불과 연기와 유황이 나온다고 하였습니다. 무슨 의미인가요?"(계9:17).

입은 "말 머리는 추론을 의미합니다. 추론은 하나의 망상입니다. 불은 자아 사랑이고 연기는 정욕이고 유황은 세속적 욕망을 의미합니다. 추론이 맹렬하게 나오는 것을 의미합니다."

나는 "뱀이 여자의 뒤에서 그 입으로 물을 강 같이 토하여 여자를 물에 떠내려가게 하려 하되 땅이 여자를 도와 그 입을 벌려 용의 입에서 토한 강물을 삼키게 한다는 말씀은?" (계12:15-16).

입은 "뱀이 여자 뒤에서 입으로 물을 토해서 여자를 휩쓸어 버렸다는 말은 악한 자에게서 더러운 생각이 나온다는 의미입니다."

나는 "악한 생각과 더러운 것은 무엇인가요?"

입은 "추론입니다. 추론은 진리와는 전혀 관계가 없는 감각 차원의 이론입니다. 쾌락적이고 감각적인 이론을 가지고 진리를 따르는 자의 욕망을 건드려서 거짓의 홍수로 익사시키는 것입니다."

나는 "홍수가 나면 집과 건물이 모두 잠기게 됩니다."

입은 "거짓은 진리를 익사시키고 말살시킵니다."

나는 "그러면 여인은 홍수에 떠밀려 떠내려가지 않나요?"

입은 "여인은 교회를 의미합니다. 그런데 땅이 홍수에 떠밀려 가는 여인을 도왔다고 했습니다. 아무리 광야같은 교회라고 할지라도 교회가 완전 무너지는 것은 아닙니다. 사막에도 오아시스가 있습니다. 목마른 순례자는 그곳에서 물을 먹고 기운을 차립니다."

나는 "오아시스를 만나야 하겠군요. 여인을 도운 땅은?"

입은 "아무리 교회가 타락했다고 하더라도 순진무구를 유지한 주님의 남은 백성들이 있습니다. 그들은 주님의 피난처를 발견하고 쉼을 얻게 됩니다. 여인을 도운 땅은 옥토와 같은 자들입니다. 옥토는 진리에 대해 정직한 자들입니다. 그들은 말씀을 깨닫고 진리를 받아들인 선한 자들입니다."

나는 "그런 자가 되려면 어떻게 해야 하나요?"

입은 "진리를 믿고 실천해야 합니다. 뱀이 제 입에서 토해낸 홍수로 삼키려 했던 목표물이 바로 이런 자들입니다. 뱀이 홍수를 뿜어냈을 때 땅이 입을 벌려 그것을 받아들였습니다. 뱀의 입에서 나온 홍수는 거짓된 추론입니다."

나는 "이성과 추론은 다른가요?"

입은 "이성과 추론은 현격한 차이가 있습니다. 이성은 이해에 속하고 추론은 망상입니다. 진리는 객관적 이성과 합리성을 주지만 추론은 욕망을 수단으로 발전합니다. 그러나 결국 이성은 추론을 이깁니다. 마치 모세 지팡이가 애굽 마술사의 지팡이를 먹어 치운 것과 같이 삼켜버립니다. 결론적으로 땅은 용이 토해낸 홍수를 들이마셔서 여인을 도왔습니다."

나는 "요한이 본 짐승의 입은 사자의 입같다고 했습니다."(계13:2).

입은 "짐승은 애착을 의미합니다. 사자의 입은 구원에 대해 특별 의식을 갖는 것입니다. 이들은 자신들이 무슨 죄를 지었든지 상관 없이 운명적으로 구원받았다고 주장합니다. 이런 거짓된 희망으로 자신들뿐만 아니라 어리석은 자들에게 교만을 주입시켜 죄를 가볍 게 여기도록 만들어 쉽게 죄를 짓도록 합니다."

나는 "개구리같은 세 더러운 영이 용의 입과 짐승의 입과 거짓 선 지자의 입에서 나온다고 했습니다."(계16:13).

입은 "개구리는 추론을 상징합니다. 용, 짐승, 거짓 선지자의 입은 독단적 교리입니다. 이들의 입에서 교리가 전파됩니다."

나는 "미지근하여 뜨겁지도 아니하고 차지도 아니하니 내 입에서 너를 토하여 버리리라는 말은 무슨 뜻이지요? "(계3:16).

입은 "뜨겁지도 않고 차지도 않은 미적지근한 상태는 영혼에 대한 관심이 결여된 소극적인 상태를 의미합니다. 다시 말하면 선과 악 의 혼합 상태입니다."

나는 "미적지근한 상태를 더 자세하게 말씀해 주세요."

입은 "이런 비유가 있습니다. 악령이 어떤 사람안에 들어갔다가 물없는 장소에서 쉴곳을 찾으나 발견치 못하고 전에 있던 집으로 되돌아가서 그 집이 비어있을 뿐만 아니라 말끔히 치워지고 잘 정돈되어 있는 것을 보고 자기보다 더 흉악한 악령 일곱을 데리고 들어가 자리잡고 산다는 비유가 있습니다. 그러면 그 사람의 형편은 처음보다 더 비참하게 됩니다. 미지근한 자의 결과입니다. 물없다는 뜻은 진리를 받지 않은 채 믿음만을 가진 사람의 정신적 상태를 극명하게 묘사합니다. 결국 생명있는 원리는 내면으로부터 옵니다." (마12:43-45).

나는 "그렇군요. 미지근한 상태는 진리가 없는 상태이군요."

입은 "삼십팔 년이나 앓던 중풍병자를 고쳐주셨을 때 다시는 죄를 짓지 말라. 그렇지 않으면 더욱 흉한 일이 너에게 생길지도 모른다고 말씀하셨습니다. 주님께서 이렇게 말씀하신 이유는 미지근한 상태 때문입니다."

나는 "그러면 이런 죄는 무슨 죄에 해당되나요?"

입은 "성령훼방죄입니다. 이 세상과 장차 맞이할 저 세상에서도 용서 안되는 죄입니다. 사도들은 미지근한 상태에 대해서 만일 우리가 진리의 지식을 받았는데 고집부려 죄를 짓는다면 그

죄에 대해서는 두려운 심판과 맹렬한 분노가 있을 것이라고 말했습니다. 한때 천국 선물을 받고 권능을 맛보았는데 타락했다면 회개해서 새로워지기는 불가능합니다. 왜냐하면 그들은 주님을 다시 십자가형에 처하고 그분을 드러내놓고 모독했기 때문입니다."

나는 "미지근함은 주님을 모독한 것인가요?"

입은 "네, 중도에서 천국을 버리는 것이 위험한 이유는 믿음과 정의가 불신앙으로 땅에 떨어지고 말았기 때문입니다. 그것은 강력한 파괴입니다. 또한 이것도 저것도 아닌 미적지근한 상태는 진리와 거짓이 혼합될 우려가 있습니다."

나는 "입에서 뱉어 버리겠다는 말은 무엇인가요?"

입은 "진리에서 분리입니다. 죄의 결과는 신성모독입니다."

죄악된 시대에 진리의 무지는 오히려 영적 의미를 모독하는 것을 예방하는 안전판이다. 영적 의미를 모독하면 성령을 거스른 죄가 때문이다. 이것을 예방하기 위해 주님께서는 영적 의미를 교회 마지막 때에 여신다.

☞적용 : 미지근한 상태에 머무는 것은 무엇인가 ?

167

입술을 만나다

- 교리 -

입술은 입의 아래와 위에 두툼하게 붙은 얇고 부드러운 살이다. 나는 입술에게 "당신에 대해 말씀해 주시기를 바랍니다."

입술은 "우리는 교리를 의미합니다. 온 땅의 언어가 하나이요 말이 하나라고 했는데, 언어는 한 입술이라는 뜻입니다. 입술은 교리를 의미하고 땅은 교회를 의미합니다. 언어가 하나라는 의미는 세부적으로 하나의 교리를 의미합니다."(창11:1).

나는 "입과 입술과 혀는 어떻게 다른가요? 그리고 언어가 혼잡하게 되어 서로 알아듣지 못하게 되었다는 의미는?"

입술은 "입술은 교리, 입은 생각, 혀는 고백을 의미합니다. 언어가 혼잡한 것은 입술이 혼잡하다는 뜻입니다. 진리가 없기 때문에 서로 알아듣지 못하는 것입니다."

나는 "그러면 교리는 무엇입니까?"

입술은 "간단히 설명해서 교리는 체계화된 진리를 의미합니다. 그릇은 교리를 상징합니다. 성전의 금과 은집기들은 우리가 어떻게 살아야 하는가를 알려주는 선과 진리의 교리를 뜻합니다."

나는 "바빌론 신전 안에 보관된 성전의 집기는?"

입술은 "교리를 가지고 자아를 높이는데 사용한 것입니다. 사리 추구에 눈이 먼 사람들이 계명을 준수하는 척 하지만 결국 자아만족을 위해 교리를 이용합니다."

나는 "교리가 주님으로부터 온 것인지 아니면 인간의 재주로 주어진 것인지를 어떻게 알 수 있습니까?"

입술은 "때로 지도자들이 자신이 믿는 교리가 순진무구한 진리인지 점검하지 않고, 자신들이 믿고싶어 하는 교리를 진리라고 떠들어 대기도 합니다. 추론을 교리로 만들어 진리라고 떠듭니다."

나는 "주님의 제자들은 어떤 교리를 갖고 있습니까?"

입술은 "배와 그물은 교리로 비유될 수가 있습니다. 제자들이 타고있던 배는 그들이 어려서부터 양육되어 왔던 포괄적 교리입니다. 그물은 그들이 일상생활에서 사용하기 위해 엮어진 사상을 의미합니다. 그들은 배와 그물을 버리고 주님을 따랐습니다. 그 의미는 종교적 교리와 사상에서 벗어나 주님의 가르침을 따랐다는 뜻입니다."

나는 "우리들도 제자들처럼 어려서부터 습관적으로 습득된 교리와 사상을 떠나서 선생되신 주님께 나아가야 하겠군요."

입술은 "그렇습니다. 교리는 설교 이상의 의미를 지닙니다. 교리는 말씀을 배우고 이해하는 방법을 의미합니다. 교리는 우리가 어떤 행동을 선택할 때 그것의 근거와 명분을 정당화시켜 주는 그릇입니다."

나는 "이사야는 성전에서 기도하기를 자신은 입술이 부정한 사람이요 입술이 부정한 백성 중에 거주한다고 고백하였습니다."(사6:5).

입술은 "이사야가 천사를 보고 자신의 심정을 고백하자 천사는 예언자의 입술에 숯 덩어리를 점화시켰습니다. 환상을 본 이사야의 반응은 무가치감으로 두려워 떨었습니다. 이러한 반응은 예언자가 가져야할 자세입니다. 하나님을 경외하는 것이 지혜의 근본이라고 했습니다 (시111:10). 이사야의 입술에 닿은 제단의 뜨거운 돌은 하나님의 사랑이 점화되는 상태와 순간을 의미합니다. 이사야는 그제서야 비로소 무가치했던 심정이 깨끗해져서 입술로 진리를 말할 수 있었습니다."

교리는 성경을 이해하는 방식이라고 했는데 영적 의미를 찾는 것도 하나의 교리이다. 말씀의 영적 해석에 친숙하지 않은 사람들은 이 글을 이해하기 어려울 것이다. 모든 교리는 말씀의 글자적 의미에서 끌어낸다. 그리고 영적 진리는 글자적 의미를 기초로 그 안에 내재해 있다. 성경말씀의 어떤 부분은 글자대로 읽으면 도저히 이해할 수 없는 경우가 있다. 지혜의 말씀은 영적 궁핍을 채우는 데 충분하다. 그러므로 우리가 말씀에 다가가서 가르침을 받고자 하는 준비가 된다면 주님은 각자의 영적 상태에 맞게 깨달음을 주실 것이다. 에스겔이 보았던 성전 문지방으로부터 흐른 물이 어디에든지 닿기만 하면 생명을 주어 많은 물고기가 우글거리게 한 것처럼 말이다(겔47장).

☞적용 : 너는 진리를 어느 교리에 담고 있는가?

시체를 만나다

-지옥의 상태-

시체는 죽은 사람의 몸을 말한다. 나는 시체가 무엇을 의미하는지 궁금했다. 그러자 지나가던 나그네가 나의 생각을 알고는 가던 길을 멈추고 "내게 무엇이 알고 싶으십니까?" 하고 말했다.

나는 "나는 시체가 무엇을 의미하는지 진리를 가르쳐 주시기를 바랍니다."

그는 "시체는 영적 생명이 없는 상태입니다. 시체가 있는 곳에 독수리들이 모인다고 했습니다. 교회에 진리가 사라져 황폐하게 된 모습을 시체라고 표현한 것입니다." (마24:28).

나는 "독수리는 시체를 먹기위해 모여드나요?"

그는 "시체가 있는 곳에는 독수리가 모여드는 법입니다. 독수리는 한 때는 좋았다가 시체가 되어버린 원리입니다. 독수리는 제 몫을 챙기기에 여념이 없습니다. 아마 이보다 더 적나라하게 종말 교회 상태를 설명할 수는 없을 것입니다. 이런 원리는 아주 좋든지 아니면 아주 왜곡되든지 둘 중 하나입니다."

나는 "무슨 의미이지요?"

그는 "독수리는 이성을 의미합니다. 이성이 진리를 위해 노력하면 정의를 세울 수 있지만 이성을 가지고 정욕의 노예가 되면 이렇게 시체를 찾아다니는 비참한 지경에 빠질 수밖에 없습니다."

나는 "독수리 날개친다는 말은 어떤 경우인가요?"

그는 "이성이 선을 섬기면 독수리의 날개같아서 마음이 새로워집니다. 그러나 반대로 악을 섬길 경우 썩은 고기 냄새를 맡은 독수리 같이 먹이를 포획하느라 공중에서 급하게 아래로 하강합니다."

나는 "시체가 있는 곳의 독수리는 어떤 자들인가요?"

그는 "시체가 있는 곳의 독수리에 대해 말씀드리겠습니다. 이런 자들은 말씀을 연구하지만 진리를 생명없는 시체같이 만드는 자들입니다. 이들은 자기중심적 이론을 가지고 명예를 얻고는 참 진리를 가진 자를 향해 비난하고 손가락질합니다. 이런 자들이 소리를 높이면 진리에 대해 눈먼 자들과 어리석은 자들은 그 말이 옳은 줄 알고 우르르 몰려듭니다. 이로 인해 교회는 생명을 잃어버리고 진리가 없는 시체의 상태에 머물게 되는 것입니다. 이것이 종말에 교회에 불어오는 시험입니다."

나는 "아! 무섭습니다. 사람들이 많이 몰려드는 것은 교회에 진리가 있어서 모이는 줄 알았는데 반드시 그렇지 않군요. 미련하고 악한 자들에 의해 순수 진리를 찾고자 하는 자들이 생명의 진리를 잃어버리게 되다니 답답하기만 합니다."

그는 "오늘날 진리를 따르겠노라고 말하는 자들이 욕심이 가득한 시각으로 진리를 판단하고 세속적 축복으로 전락시키고 있지는 않습니까? 성경말씀이 영적 의미를 잃어버리고 죽은 글자로 취급될 때 진리는 어떻게 될까요? 레위기에 보면 시체나 들짐승에게 찢겨 죽은 것을 먹는 자가 나오는데 바로 이런 자를 두고 말합니다." (레17:15).

나는 "그러니까 관점의 문제이군요. 물질적인 시각으로 자기 욕심에 맞게 성경을 해석하는 것이지요?"

그는 "이런 자들은 입으로 과학 만능을 부르짖으면서 영적 생명에는 무지하고 관심이 없습니다. 시체나 찢겨 죽은 것을 먹는 것은 악과 거짓을 자기 것으로 만드는 것입니다. 너는 자기 무덤에서 내쫓겼으니 가증한 나무가지 같고 칼에 찔려 돌구덩이에 떨어진 주검들에 둘러싸였으니 밟힌 시체와 같다는 말이 있습니다. 돌구덩이에 떨어져서 발아래 짓밟힌 시체는 파괴된 선의 결과를 말합니다. 한마디로 영적으로 죽은 지옥의 상태입니다.”(사14:19).

성경은 각사람의 삶에 따라 심판받거나 혹은 생명의 부활을 받을 것이라고 말했다. 악하게 산 자는 지옥에 간다는 것을 알고 있다. 그럼에도 악한 자는 스스로 위로하기를 천국 입장은 자비로 받는다고 생각하고 자기욕심에 기대여 살아간다.

그러나 우리가 분명히 알아야만 하는 사실은 내적 삶의 품질에 따라 행동이 표현된다는 것이다. 모든 행동은 사람의 의도와 생각에서 나온다. 다시말해서 행동은 내적 원인으로부터 오는 결과이다. 이후에 가야할 나라에서의 삶의 형편은 의도와 생각에 기초한다. 그 나라의 삶은 사랑과 믿음이 기초를 이룬다.

☞적용 : 영적 의미를 잃어버리고 물질적인 관점으로만 성경을 보고 있지는 않는가?

175

머리털을 만나다

− 가장 바깥쪽 사상 −

머리털은 머리에 난 털이다. 예로부터 사람을 두고 머리에 털 난 짐승이라고 하였다. 유독 머리에 털이 많은 것은 사람밖에 없기 때문이다. 일반적으로 머리카락이 많은 사람은 적은 사람에 비해 머리가 빨리 희어진다고 한다. 머리털은 다른 부분에 비해 활발하게 성장하는 특징이 있고 머리카락이 10만개 정도가 된다고 한다. 사람은 머리카락의 윤기나 피부의 기름기 등으로 그 사람의 건강 상태를 알 수 있다고 한다.

나는 머리털에게 "나는 마음속 인체의 세계를 다니며 진리를 배우고 있습니다. 당신에 대해 가르쳐 주시기를 부탁드립니다."

머리털은 "우리는 피부 가장 바깥쪽에 해당됩니다. 머리털은 신성의 가장 바깥 부분 즉 문자적 진리를 표현합니다."

나는 "아버지께서는 머리카락까지도 낱낱이 다 세어 두셨다. 두려워하지 말라 너희는 많은 참새보다 귀하다고 하였습니다."

머리털은 "참새는 자연적 상태의 낮은 생각을 상징하는데 비해 머리카락은 합리적 상태의 말단 부분에 해당됩니다. 주님께서 이 말씀을 하신 이유는 그분의 섭리가 미치지 않는 곳이 없다는 것을 말씀하시기 위함입니다."

나는 "그렇다면 어려운 시험을 당할 때도 주님의 섭리가 있나요?"

머리털은 "주님은 머리카락의 예를 들어 섭리가 세세한 부분까지 미친다는 것을 말씀하셨습니다. 주님은 가장 작고 낮은 수준에 이르기까지 모든 것을 알고 계실 뿐 아니라 섭리를 주관하십니다. 주님께서 하찮게 여겨지는 항목까지 다 돌보신다면 그보다 중요한 것은 당연하게 돌보신다는 것에 의심의 여지가 없습니다."

나는 "중요한 것과 하찮은 것의 기준은 무엇인가요?"

머리털은 "중요한 것은 천국에 가장 가까운 원리입니다. 무엇보다 중요한 것은 먼저 주님을 사랑하고 그분의 계명을 수행하는 것입니다. 덜 중요한 것은 세상과 육신에 속한 것에 관심을 두는 것입니다. 시험은 이런 가치 기준에 관계됩니다."

177

나는 "시험이 가치 기준에 관계 된다고요?"

머리털은 "시험은 감사한 마음으로 애정과 생각을 주님께 드려야 하는데 내일 일을 염려하는 것 때문에 옵니다."

나는 "주님께서 밧모섬의 요한에게 나타나실 때 주님의 머리털이 흰양털 같고 눈같다고 했습니다."(계1:14).

머리털은 "그분의 외모는 내재된 영광이 드러난 것입니다. 그분의 머리는 내적 지혜를 의미하고 머리털은 외적 지혜를 의미합니다."

나는 "삼손은 어려서부터 머리에 삭도를 대지 않았는데, 삼손의 힘은 머리털에 있었습니다."

머리털은 "삼손의 위대한 힘은 그의 긴 머리털에 있었습니다. 머리털이 잘리자 그의 힘은 사라졌습니다. 그가 긴머리에서 대머리가 되었다는 것은 문자적 진리를 부정하고 거절한 것을 의미합니다. 말씀의 권능이 효력을 상실한 것입니다."

나는 "메뚜기에게 여자 머리털같은 것이 있다고 했는데 무슨 의미인가요?"(계9:8).

머리털은 "메뚜기가 그런 모습을 갖추었다는 뜻은 감각적인 인간이 말도 안되는 논리를 가지고 논쟁하는 것입니다. 그들은 자신들이 백전백승할 것이라고 여깁니다. 그들은 전쟁터에서 전투하듯이 쓸데없는 이론으로 싸웁니다. 비록 실패할지라도 승리를 장담합니다. 이것이 전투하는 메뚜기의 모습입니다.”

머리털, 수염은 상징적 의미를 가지고 있다. 머리털과 수염은 같은 털이지만 다르다. 머리털은 출생과 함께 오지만 수염은 성년에 이르는 남자에게만 주어진다. 성년이 되면 이성적 능력과 판단력이 생긴다. 사람들은 이성을 수단으로 총명의 지식으로 상승되는데 수염은 총명의 상징물이다. 고로 얼굴에서 자라는 수염은 이성으로부터 자라는 총명이다.

그에 비해 머리털은 최말단 진리를 의미한다. 만일 머리에서 털이 제거되면 몸에서 옷을 벗긴 상태와 같다. 이럴 경우 몸은 위험에 노출되는데 체온이 떨어져 죽음에 이르게 된다. 머리털은 피부로부터 자라고 육체 중에서도 가장 바깥쪽에 해당된다. 그래서 자연적 마음, 자연적인 삶에 속한 것을 표현한다. 머리털은 신성의 가장 바깥, 즉 신성한 말씀의 글자를 표현해 준다.

☞적용 : 주님께서 머리털을 세신 것은 무엇을 의미하는가?

179

대머리를 만나다

- 거짓의 확장 -

대머리는 머리털이 빠져서 머리카락이 없는 상태이다. 나는 대머리의 영역에 도착했다. 과거 동양에서는 대머리는 무례를 상징해서 범죄에 대한 처벌로 대머리로 만들기도 하였다. 또 머리를 깎아서 가족이나 친척의 죽음에 대한 애도를 표현하기도 하였다. 대머리를 수치의 상징으로 여겼기 때문에 상스러운 별명을 부를 때 대머리라고 불렀다.

성경에는 42명의 베델의 아이들이 예언자에게 "대머리야, 꺼져라"고 외쳐서 곰에 물려 죽은 기사가 등장한다(왕하2:23-25). 곰은 표면에 털이 많아서 대머리와 대조를 이룬다.

나는 대머리에게 "당신에 대해 말씀해 주시기를 바랍니다."

대머리는 "우리는 머리털이 없는 상태입니다. 주님께서 에스겔

에게 날카로운 칼을 가져다가 삭도로 머리털과 수염을 깎으라고

하였습니다."(겔5:1-5).

나는 "대머리는 무엇을 의미하나요?"

대머리는 "날선 칼로 대머리를 만드는 것은 탐욕이 마음을 지배

해서 진리가 파괴된 상태입니다. 그러나 본래 칼은 진리의 무기입

니다. 날선 칼은 마음에 들어오는 갖가지 생각을 예리하게 잘라냅

니다. 진리는 거짓 관념과 거짓 사상의 영향력을 잘라버립니다."

나는 "왜 예언자에게 자신의 머리털과 턱수염을 밀도록 명령되었

을까요?"

대머리는 "머리털은 문자적 진리를 의미하는데 대머리는 생활 속

에 있어야 할 진리가 결핍된 것입니다."

나는 "문자적 진리가 없어지게 되면 어떻게 되나요?"

대머리는 "그렇게 되면 기초적인 삶의 규율이 없어지게 되어 질서

가 무너지게 됩니다. 최소한의 진리와 거짓의 분별조차 없게 되어

자기가 무슨 짓을 하는 지조차 모르게될 뿐 아니라 분별력을 잃어

버려서 윤리 도덕까지 무너지고 맙니다."

나는 "나는 문자만을 법이라고 주장하며 불쌍한 자들을 징치하는

자를 보았습니다. 또 문자를 악한 의도로 사용하여 어리석고 무지한 사람들을 곁길로 인도하는 교리를 보았습니다."

대머리는 "그런 것을 두고 칼로 잘려진 머리털이라고 합니다. 예언자가 자신의 머리를 대머리로 만든 이유는 입으로는 주님을 예배한다고 하면서도 무질서하게 살아가는 타락한 백성의 상태를 표현하기 위함입니다."

나는 "왜 그 지경에 빠지게 되었을까요?"

대머리는 "그들은 마음속에 거짓 관념을 허용하였기 때문에 생명없는 껍데기로 전락하고 말았습니다."

나는 "대머리가 머리털을 대신한다는 말이 있습니다."(사3:24).

대머리는 "숱한 머리털은 잘 땋아서 늘어뜨린 머리를 말합니다. 이는 과학적 진리를 의미합니다. 대머리가 대신한다는 말은 과학적 지식조차도 제거되었음을 의미합니다."

나는 "머리털을 깎아 대머리같게 할지어다. 네 머리가 크게 벗어지게 하기를 독수리같게 하라고 했습니다."(미1:16).

대머리는 "대머리를 만들고 더 크게 벗어지게 하는 것은 거짓이 확장되어 윤리 도덕조차도 점차적으로 무너지게 된 것입니다."

나는 "아이들이 예언자를 대머리라고 놀려대는 것은?"

대머리는 "예언자는 진리를 의미합니다. 놀려대는 것은 신성한 말씀을 경멸하는 것을 표현한 것입니다."

대머리는 문자적 진리가 결핍된 사람을 표현한다. 문자적 진리가 결핍되면 선을 행하는 수단이 사라진다. 그래서 선과 악, 진리와 거짓을 분별하지 못하게 된다. 악한 자들은 문자적 지식마져 왜곡시켜 이기적 목적에 적용한다. 문자를 아전인수격으로 적용하여 그릇된 해석을 하고는 교주가 되어 사람들을 현혹시킨다. 결국 대머리는 진리의 외적인 것, 규율, 예배의 형식이 하나님을 사랑하는 마음에서 멀어진 상태이다. 외적인 것이 내면의 영에서 분리될 때는 어떻게 되는가? 껍데기만 남게되고 영적 생명은 소멸된다. 진리가 없이 텅빈 형체로 존재한다는 말이다.

오늘날 스스로를 대머리로 만드는 사람이 있다. 이런 자들은 말씀 속의 십계명이나 황금률, 여러 교훈들을 무시하고 살아가는 자들이다. 이런 자들은 최소한 윤리 도덕적 경계선조차 세워지지 않은 이기심으로 살아가며 악령의 조종을 받으며 살아간다.

☞적용 : 최소한 윤리 도덕이 무너진 대머리된 자를 보았는가

뺨을 만나다

- 진리의 이해 -

뺨은 얼굴의 양쪽 관자놀이에서 턱 위까지의 부분이다.

나는 뺨에게 "당신에 대해 말씀해 주시기를 바랍니다. 뺨은 무엇을 의미합니까?"

뺨은 "뺨은 진리의 이해를 의미합니다."

나는 "주님께서 누가 오른 뺨을 치거든 왼뺨마저 돌려대라는 말씀을 하셨습니다."

뺨은 "오른 쪽은 애정에 관계되는 부분을 의미합니다. 오른쪽 뺨은 진리에 대한 애정이라고 말할 수 있습니다."

나는 "그러면 오른쪽 뺨을 친다는 것은?"

뺨은 "진리에 대한 애정을 갖지 못하도록 방해하는 것입니다. 악한 자가 공격할 때 악을 악으로 앙갚음하지 말아야 합니다. 순수한 마음으로 진리에 대한 애정을 가지고 있으면 악이 극성을 부릴지라도 결코 영혼을 상하게 할 수 없습니다."

나는 "가끔 나는 완악하고 무지한 자가 나의 **뺨**을 때린 적이 있었습니다. 나의 믿음을 조롱하고 무시하고 얕보면서 심하게 모욕하는 말을 들을 때가 있었습니다. 그때는 정말로 너무나 절망스러워서 차마 죽고 싶은 마음이 들 정도였습니다."

뺨은 "**뺨**을 때린다는 것은 진리의 애정을 파괴하고자 함입니다. 주님께서도 경비병에게 **뺨**을 맞았습니다(요18:22). 예수의 **뺨**을 때리는 행위는 진리의 본질자체를 파괴하려는 악한 자들의 악랄한 의도입니다. 그것은 진리의 빛이 그들의 어두운 잘못을 들추어내기 때문에 폭력으로 응대하는 것입니다."

나는 "다른 쪽 **뺨**을 돌려대라는 말은 **뺨**을 때려도 맞서 싸우지 말라는 말인데 그러면 악한 자가 공격해도 괜찮다는 말인가요?"

뺨은 "주님이 지켜주실 것을 믿으시나요? 주님은 당신의 영혼을 보호하십니다. 악한 자들이 아무리 공격을 가하고 박해를 할지라도 다만 육체뿐입니다. 우리의 영혼은 주님의 손안에 있습니다."

나는 "그렇군요. 주님은 이어서 속옷을 가지려고 하거든 겉옷까지도 내주라고 하셨습니다."

뺨은 "옷은 진리를 의미합니다. 속옷은 내적 진리를 의미하고 겉옷은 외적 진리를 뜻합니다. 천사같이 순수 선의 원리를 붙잡고 있는 자들은 어떤 악이 온다고 할지라도 진리를 뺏을 수 없습니다."

나는 "사람들은 자신에게 조금이라도 손해를 끼치면 법을 교묘하게 이용하여 손해배상을 청구하거나 복수합니다."

뺨은 "복수하는 순간 선과 진리는 사라지고 맙니다. 증오심이나 시기심을 가지고 상대방의 약점을 공격하면 주님의 보호를 의지하지 않는 것입니다."

나는 "주님을 의지하고 복수하지 말라는 말이군요. 그러면 누가 오리를 가자고 하거든 십리를 같이 가주라는 말은?"

뺨은 "오리라는 단어는 길의 척도입니다. 오리는 진리의 길에서 벗어난 것을 의미합니다. 십리를 가는 것은 순진무구한 삶을 살아가는 것을 의미합니다. 아무리 늑대같이 사악한 자가 화려한 즐거움을 제공하면서 잘못된 길을 가도록 유혹해도 순진무구한 자는 유혹에 넘어가지 않음을 의미합니다. 순수한 자의 인생길에는 흔들림이 없습니다."

나는 "달라는 사람에게 주고 꾸고자 하는 사람의 청을 물리치지 말라는 말은 무슨 의미이지요?"

빰은 "우리가 살다보면 진리를 달라는 사람들이 있습니다. 그들이 우리의 믿음을 훼방하려고 시도할 수도 있습니다. 사실 그것이 순수한 의도인지 악의적인지를 판단하기는 매우 어렵습니다. 그러나 염려하지 말고 주라는 것입니다. 왜냐하면 주님께서 지켜 주시기 때문입니다."

나는 "음, 이제까지의 말을 들어보면 악한 자들이 우리의 모든 것을 빼앗아 간다고 할지라도 주님의 보호가 있으므로 아무 걱정 없다는 말이군요."

빰은 "네, 누군가가 속옷과 겉옷을 거둬 갈지라도 영적으로 가난해지지 않습니다. 주님께서는 다양한 방법으로 천국까지 인도하십니다."

나는 "한 가지 더 물어보겠습니다. 원수를 사랑하고 너희를 박해하는 사람들을 위하여 기도하라는 말씀은 무슨 뜻인가요?"

빰은 "세상에 살고 있는 사람은 어느 누구라도 백퍼센트 악만을 소유한 것은 아닙니다. 사람은 아무리 악한 자라고 할지라도 가끔은 선한 의도를 드러내기도 합니다. 인간은 주님의 피조물이므로 그 누가 되었든지 간에 정도 차이는 있지만 이성을 소유하고 있습니다. 지금은 비록 하나님의 모양과 형상에 비해 볼꼴 사납게 되었지만 말입니다."

나는 "그래서 원수를 사랑하라고 했나요?"

뺨은 "하나님의 뜻은 인간안에 선이 증가되고 악이 제거되는 것입니다. 원수 사랑의 진정한 의미는 이웃 사랑으로 인해 선이 확장되는 것입니다. 주님은 사람이 악으로 인해 지옥에 떨어지는 것을 원치 않으십니다."

나는 "아! 그렇군요. 주님께서는 그 누구가 되었든지 간에 지옥으로 떨어지는 것을 원치 않으시는군요."

뺨은 "그렇습니다. 원수를 사랑하라는 가르침을 실천하려면 저주하는 자에게 복을 빌고 미워하는 자에게 선을 행하고 박해하는 사람들을 위하여 기도해야 합니다. 한마디로 악을 선으로 되돌리는 것입니다. 즉, 미워하는 것이 얼마나 옹졸한 것인지 확인시켜 주고, 그들의 행위가 악이라는 것을 깨닫게 하려는 것입니다. 힘들지만 선으로 악을 이겨야 합니다.”

나는 “만일 그렇게 하지 않으면 어떻게 되나요?”

뺨은 “박해하는 자를 위해 선을 행하지 않으면 영혼이 성장하지 못합니다. 어떤 경우가 있더라도 이웃사랑에 근거를 두고 박해하는 자들을 위해 기도해야 합니다. 주님도 그분을 십자가에 매단 자를 위해 십자가 위에서 기도하셨음을 늘 상기해야 합니다.”

나는 “의를 위해 박해를 받는 사람은 복이 있다고 했습니다.”

뺨은 “박해는 내면적 시험을 뜻합니다. 고로 시험은 모든 기독교인들이 쉽게 걸려드는 내적인 박해중의 하나입니다. 외적으로 벌어지는 시련이 중지된다고할지라도 내면의 박해는 언제나 있을 수 있고 견뎌내야만 합니다. 시험은 내면의 등차에 따라 강약이 다릅니다. 내적 갈등이 심하게 오더라도 이기고나면 큰 상이 주어집니다. 시험은 각자의 선을 더 값지게 만들어 주고, 더욱 진리가 뿌리 깊게 박히도록 발전시켜 줍니다.”

☞적용 : 모든 외적인 시험과 내적인 박해를 어떤 방식으로 극복하는가?

이마를 만나다

- 사랑의 증거 -

이마는 얼굴의 눈썹 위로부터 머리털이 난 부분 사이의 영역이다. 나는 이마에게 "이마에 대해 말씀해 주시기를 바랍니다. 이마는 무슨 의미가 있습니까?"

이마는 "우리는 얼굴에서 가장 높은 영역에 위치해 있습니다. 그래서 인격의 가장 높은 부분에 해당됩니다. 이마는 가장 깊고 높은 마음을 의미합니다. 이마는 진리중에서 으뜸되는 원리를 의미하지만 부정적인 의미로는 거짓중에 가장 으뜸되는 원리를 말합니다."

나는 "이마에 도장을 찍는다는 말씀은 무슨 의미인가요?"

이마는 "어떤 것에 표를 해 둔다는 것은 다른 것과 구별 되게 하는 것입니다. 선한 자들의 이마에 표를 한다는 것은 사랑으로 구별한다는 의미입니다."

나는 "사랑으로 구별한다고요?"

이마는 "사랑은 행동의 동기를 제공합니다. 사랑에 따라 인격의 품질이 드러납니다."

나는 "그러면 이마의 표는 사랑의 증거이군요?"

이마는 "네, 십자가가 시험과 고난의 표식이듯이 말입니다. 과거 이스라엘 후손이 출애굽 직전에 맏아들이 죽게 되었을 때 그들의 문과 문설주에 피가 묻어 있으면 이집트 사람과 구별되는 표로 삼아 재앙이 그대로 지나가게 될 것을 말씀하셨습니다."

나는 "요한 계시록에 천사가 메뚜기들에게 말하기를 이마에 하나님의 도장을 받지않은 사람들만 해하라고 했습니다." (계9:4).

이마는 "메뚜기는 감각적 추론을 의미합니다. 이마에 도장받지 않은 자는 진리의 애정이 없으므로 메뚜기의 힘에 사로잡히게 됩니다. 메뚜기에게 피해를 당한다는 의미는 주님 사랑이 없으면 감각의 포로가 되어 본능적인 삶을 살 수밖에 없음을 의미합니다."

나는 "감각의 포로가 되면 괴롭게 되나요?"

이마는 "메뚜기들은 주님 사랑이 없는 자들을 죽이지는 못하고 괴롭게만 할 수 있습니다. 메뚜기들이 가하는 폭력은 마치 전갈이 사람을 공격할 때와 같습니다. 전갈이 사람을 쏘게되면 온 몸에 마비가 오고 말할 수 없는 고통을 겪습니다."

나는 "고통에 대해 설명해 주세요."

이마는 "예컨대, 진리없이 방황하는 가련한 영혼이 죽고 싶다고 말하거나, 누구를 의지해야 살아야 하는가 하면서 외로움이 물밀듯이 찾아와서 한탄하는 경우가 있습니다. 그것은 마음이 감각의 지배를 받아서 고통중에 불안해서 나오는 탄식입니다. 그런 자들은 자신이 살아있다는 사실을 발견할 때 더욱 정신이 흐트러지고 모든 것이 이대로 끝나기를 바랍니다. 이런 증상을 현대인들은 심리학의 이름을 붙여서 우울과 불안, 공포증이라고 하지만, 메뚜기에게 쏘인 아픔의 결과입니다. 그럼에도 그들은 스스로 죽음을 명령할 수도 없습니다. 이런 식으로 인간의 마음은 감각적 추론이 뿜는 독소로 인해 서서히 고통 속에 죽어가지만 결코 영혼이 완전 파괴될 수는 없습니다."

나는 "아! 그러고 보니 그렇습니다. 돈과 재물, 가정이 있음에도 불구하고 세상에 태어난 것을 한탄하고 인생을 비관하고 밤잠을 이루지 못하고 감각적 중독에 붙잡혀서 자살을 선택하기도 합니다. 쓸데없는 정욕에 빠져 시간과 정열을 쏟거나 정욕에 붙잡혀 끌려 다니는 인생이 얼마나 많은지요.”

이마는 “모두 감각적 추론에 붙잡혀 있는 상태입니다. 진리의 애정을 가지고 있다면 그런 일은 절대로 없습니다. 그런 현상은 이마에 악한 사랑이 붙어있기 때문에 나타납니다. 심지어 종교인들조차도 자신의 상태를 보지 못하고 그 이마에 짐승의 도장을 달고 있습니다.”

나는 “하나님의 도장과 짐승의 도장은 서로 차이가 있나요?”

이마는 “하나님의 도장과 짐승의 도장은 질적으로 다릅니다. 도장은 사랑의 상태를 의미합니다. 다시 말해 이마에 도장이 찍힌 자의 의지에 따라 선과 악의 상태가 나타납니다. 천국의 도장과 지옥의 도장이 다르듯이 서로 상태가 다릅니다.”

나는 “요한 계시록에 기록하기를 낮은 사람이나 높은 사람이나 부자나 가난한 자나 자유인이나 종이나 할 것없이 모든 사람에게 오른손이나 이마에 도장을 받았다고 하였습니다.” (계13:16-17).

이마는 “낮은 자와 높은 자는 총명의 차원이고 부자나 가난한 자는 지식의 차원이고 자유인과 종은 스스로 생각하느냐 아니면 타인에 의해 생각하느냐를 나눈 것입니다. 여러 종류의 사람을 구별해 놓은 것은 영적인 차원에서 구별한 것입니다."

나는 "모든 사람들이 오른손이나 이마에 짐승의 표를 받아야만 팔거나 사도록 허용된다는 의미는 무엇을 말하나요?"

이마는 "각자의 수준에 따라서 생각하고 행동한다는 의미입니다. 사거나 팔지 못한다는 말은 자기 신념에 맞지 않으면 진리의 지식을 배우지도 못하고 가르치지도 못한다는 뜻입니다."

나는 "사람들은 자기 신념이 가장 옳은 줄 알고 살아갑니다."

이마는 "그 신념의 특징이 짐승의 이름과 숫자입니다. 신념은 일종의 상형문자처럼 이름을 가지고 있습니다."

나는 "아직도 잘 모르겠습니다. 자세하게 설명해 주세요."

이마는 "지혜가 있는 사람은 짐승의 숫자를 세어보라. 그것은 사람의 숫자이고 그 숫자는 666 이라고 했습니다. 사람들은 짐승의 미묘한 숫자를 설명해보려고 시도합니다. 심지어 어떤 이들은 666 을 물건을 계산할 때 쓰이는 바코드라고 말하기도 합니다. 그런 뜻이 아니고 짐승은 교리에 대한 애착을 상징하고,

짐승의 숫자는 교리의 특성을 의미합니다."

나는 "666 숫자가 교리의 특성을 의미한다고요?"

이마는 "그렇습니다. 영적인 면에서 숫자는 수량이나 부피가 아니고 질적 수준을 의미합니다. 교리의 영적 품질을 의미합니다."

나는 "아! 영적 품질이요."

이마는 "교리의 특성이나 품질이 상징적 숫자 666으로 표현되었습니다. 숫자 6 은 완성을 의미하는 숫자입니다. 하나님께서는 창조를 엿새 동안에 완성하셨습니다. 엿새는 노동의 한 주간입니다. 엿새는 우리가 하늘나라에서 영원한 안식에 이르기 위해 세상에서 준비하는 상태를 의미합니다. 신실한 사람에게 엿새는 믿음의 열매 맺는 것을 의미합니다."

나는 "아! 그렇군요. 그러면 불의한 자들에게 6의 숫자는?"

이마는 "의로운 자는 영원한 나라에 이르는 안식의 상태로 종결되지만 불의한 자에게 6은 불안과 공포와 두려움으로 종결됩니다. 의로운 자는 믿음에서 사랑으로 열매맺지만 불의한 자는 거짓에서 증오와 미움으로 끝을 봅니다. 이런 것이 짐승의 숫자입니다."

나는 "그러면 진리와 거짓의 차이에 따라서 각자 열매가 다르게 구별되겠군요. 삶의 열매가 다르니까요."

이마는 "네, 6이라는 숫자는 남녀가 결혼으로 하나 되듯이 선과 진리가 하나 되어 열매를 맺거나 반대로 악과 거짓이 하나 되어 열매를 맺은 상태입니다. 종교를 구성하는 것은 교회와 천국이 하나되는 것입니다. 두 요소가 하나 된다는 것은 창조와 섭리 그리고 계시와 구속의 열매입니다. 이것이 온전하게 될 때 비로소 인간은 영원한 행복을 누립니다."

나는 "소년 목동 다윗은 개울가에서 주운 돌 다섯 개를 주워서 주머니에서 돌 하나를 꺼내어 팔매질을 하여 블레셋 장수의 이마를 맞혔습니다. 돌이 이마에 박히자 블레셋 장수 골리앗이 땅바닥에 쓰러졌습니다. 여기서 주는 교훈이 무엇이지요?"

이마는 "네, 다윗은 하나님과 그분의 군대를 모독하는 언사를 퍼부으며 도전해 온 거인을 여호와께서 때려 눕혀 주실 것을 확신하면서 돌팔매질을 했습니다. 골리앗의 이마에 돌이 적중하여 그를 땅에 거꾸러지게 만들었습니다. 다윗과 골리앗의 싸움은 초자연적 의미를 지니고 있습니다. 간단하게 돌을 던져서 갑옷을 입고 나온 장수를 쓰러뜨린 사건은 악과 거짓에 대항하는 자의 승리를 표현하고 있습니다."

나는 "골리앗은 무엇을 의미하나요?"

이마는 "골리앗은 성경을 가지고 거짓 궤변을 늘어놓는 자들입니다. 물맷돌이 단순한 돌멩이인 것처럼 순수하고 단순한 진리를 적용하면 거짓을 타파할 수 있습니다."

나는 "단순한 것으로 크고 복잡한 논리를 이기는군요."

이마는 "복잡한 거짓에 대한 특효약은 진리의 단순성입니다. 거짓은 진리로 극복할 수 있습니다."

나는 "어떤 것이 단순한 것이지요?"

이마는 "예를 들면 주님께서 함께 하신다는 확신입니다."

나는 "한 가지 예를들어 물어볼게요. 자신은 주님을 믿고 있으므로 무슨 행위를 하든지 관계없이 천국에 갈 수 있다고 자신있게 말하는 자를 어떻게 극복할 수 있나요?"

이마는 "그런 거짓된 교리의 확신을 가지고 나온 자들을 두고 골리앗이라고 말합니다. 이런 자들은 겉으로 보기에는 크고 강대해 보입니다. 그러나 그들에게는 진리가 없습니다. 그러므로 진리로 이겨야 합니다. 이런 자들은 하나님을 사랑하고 네 이웃을 네 몸과 같이 사랑하라! 계명을 지키는 자라야 주님을 사랑하는 사람이다. 생명의 나라에 들어가려거든 계명을 지키라! 는 말씀으로 이겨야 합니다."

나는 "골리앗의 이마는 무엇입니까?"

이마는 "거인의 이마는 거짓된 세력의 내면을 의미합니다. 돌이 이마에 박혔다는 것은 진리가 거짓의 깊은 속을 관통해서 그 힘을 꺾었다는 말입니다. 말씀 속에 있는 진리를 응용할 때 이런 일을 경험할 수 있습니다. 순수한 의도나 생각을 가지고 진리를 삶에 적용할 때 거짓을 물리칠 수 있습니다. 다윗은 거인이 쓰러지자 달려가서 거인의 목을 밟고 서서 그의 칼로 목을 잘랐습니다. 결국 거인의 칼이 골리앗의 목을 스스로 자르도록 되돌려졌습니다. 칼을 휘두르는 자는 칼로 망한다는 주님의 말씀이 있습니다. 거짓이라는 칼을 휘두르는 사람은 반드시 그 칼로 망합니다. 이는 분명한 영적인 법칙입니다." (마26:52).

나는 "거짓이 진리를 향해 정면대결을 하지만 결국 죽음뿐이라는 말씀이군요."

☞적용 : 진리를 사랑하는 증거를 가지고 있는가?

코를 만나다

- 지각 -

코는 얼굴 중앙에 튀어나온 부분으로 숨을 쉬고 냄새 맡는 기능을 한다. 또한 공명을 통해 발성의 보조역할을 하며 먼지를 거르는 청소 기능과 가습 작용을 하여 허파를 보호한다. 겨울에 날씨가 추우면 코가 시리고 건조하면 코가 마른다. 이는 허파에 들어가는 공기를 일정한 온도와 습도로 유지하기 위한 것이다. 코의 안쪽 천장에는 지름 2cm 정도의 후각신경이 있는데 이곳에는 60만개의 세포가 있어서 1만 가지의 냄새를 맡을 수 있다고 한다. 나는 코의 세계에 도착했다.

나는 코에게 말했다. "나는 마음속 인체의 세계를 다니며 진리를 배우고 있습니다. 당신에 대해 말씀해 주시기를 바랍니다."

코는 "우리는 호흡하고 냄새를 맡습니다. 영적으로 코는 지각의

199

세계입니다."

나는 "아브라함의 종이 리브가에게 금 코걸이를 주었습니다. 금 코걸이는 무엇을 의미하나요?"(창24:47).

코는 "금은 선을 의미하고 금코걸이는 선의 지각을 말합니다."

나는 "코와 귀를 깎아 버린다는 말씀은?"(겔23:25).

코는 "코의 제거는 진리에 대한 지각이 없어지는 것이고 귀를 제거하는 것은 진리에 대한 순종을 제거하는 것입니다."

나는 "성경에 분노와 오만으로 인해 코를 갈고리로 꿴다는 말씀이 있습니다."

코는 "갈고리로 코를 꿴다는 말은 지각이 사라져버린 어리석고 아둔한 상태를 의미합니다. 더 적절한 의미는 육체의 감각에 푹 빠져서 합리성이 없어진 상태가 되었음을 의미합니다."

나는 "코에 생기를 불어 넣었다는 의미는?"(창2:7).

코는 "시편에는 여호와의 말씀으로 하늘이 지음이 되었으며 그 만상이 그 숨으로 이루었다고 하였고(시33:6), 전능자의 숨이 사람에게 총명을 주신다고 했습니다(욥32:8, 33:4). 생기를 코에 집어넣은 것은 생명의 숨을 콧구멍 안으로 불어 넣은 것입니다.

즉, 믿음과 사랑의 생명을 주는 것을 의미합니다.”

나는 “생명은 믿음과 사랑으로 구성되어 있나요?”

코는 “네, 이 말씀은 중요합니다. 여호와 하나님께서 지면의 먼지로 사람을 만드시고 콧구멍에 생명의 숨 즉 믿음과 사랑을 불어 넣으셨습니다, 그래서 사람은 살아있는 혼이 되었습니다.”

나는 “그런데 왜 콧구멍에 숨을 불어 넣으셨나요?”

코는 “콧구멍은 지각을 의미하기 때문입니다. 성경에는 주님께서 불로 태워서 바치는 제물의 냄새를 맡으셨다고 하셨습니다. 주님에 관하여 콧구멍의 숨이라고 부릅니다. 콧구멍의 숨은 진리와 선을 지각하는 생명을 의미합니다.” (애4:20).

나는 “주님께서 제자들을 향하여 숨을 내쉬면서 성령을 받으라고 하셨습니다.” (요20:22).

코는 “숨을 쉬므로 생명이 유지됩니다. 주님께서 숨을 내쉰 것으로 생명이 주어집니다. 그것은 사랑과 믿음의 상태입니다.”

나는 “호흡함으로 사랑과 믿음의 상태가 드러난 것이군요. 세상에는 호흡이 순조롭게 잘되는 자도 있고 호흡이 미약하여 숨쉬기가 힘든 자들도 있습니다.”

코는 "그렇습니다. 사람들은 자신이 호흡하는지도 모르고 생활합니다. 그러나 호흡을 하기 때문에 생명이 유지됩니다."

나는 "주님께서 니고데모에게 거듭남을 말씀하시면서 너는 바람의 소리를 들으나 그것이 어디에서 오며 어디로 가는지를 모른다고 하셨습니다. 그리고 영으로 태어나는 사람도 다 이와 같다고 하셨습니다."(요3:8).

코는 "인간의 거듭남은 이해할 수 없는 내적인 힘에 의해 이루어집니다. 그러나 거듭나고자 하는 의지와 무관하게 강제로 이루어진다는 뜻은 아닙니다. 거듭남은 선택과 연관됩니다. 이런 과정과 유사한 대목이 씨뿌리는 비유에 있습니다."(막4:26).

나는 "씨뿌리는 비유 말인가요?"

코는 "어떤 사람이 땅에 씨앗을 뿌려놓았습니다. 자고 일어나는 사이에 씨앗은 싹이 트고 자라나지만 그는 그것이 어떻게 자라는지 모른다는 비유입니다."

나는 "바람이 부는 것과 씨앗이 싹이 트는 것의 차이는?"

코는 "바람 부는 것은 거듭남의 내적 부분이고, 씨가 자라는 것은 외적인 부분을 말합니다. 중요한 것은 거듭남은 하나님의 뜻과 권능에 소속된 일이고 인간의 일은 아니라는 것입니다."

나는 "그러면 우리는 무엇을 해야 하나요?"

코는 "인간은 거듭남이 있기전에 먼저 자신의 마음을 기경하는 일 꾼이 되어야 합니다. 마음의 땅을 갈아엎고 씨를 뿌리고 작물에 물을 주어야 합니다. 사람은 진리의 영과 협동해야만 합니다. 그러나 씨가 자라는 과정에서 그가 하는 것은 아무것도 없습니다. 작물이 자라는 것은 확실하지만 그 작물이 어떻게 자라는지는 아무도 모릅니다."

나는 "왜 주님께서는 인간들이 볼 수 있게 하지 않으셨을까요?"

코는 "만일 사람들이 자신의 거듭남의 진보에 관해 알게 되면 거듭남을 간섭하려고 할 것입니다. 그렇게 된다면 결국 우리를 새 창조물로 만드시고자 하시는 주님의 목적을 망가뜨리게 됩니다. 그러나 우리가 주님의 말씀에 스스로를 순종하려고 노력하다 보면 결국 순종함을 사랑하는 데까지 이르게 됩니다. 이것이 거듭남의 과정입니다. 우리는 하나님과 사람에 대해 우리의 의무가 무엇인지 배우고 그것을 실천하는 것만으로도 충분합니다."

나는 "니고데모가 주님께 이런 말을 했습니다. 어떻게 그런 일이 있을 수가 있겠습니까?" (요3:9-10).

코는 "니고데모는 다시 태어나야 한다는 말에 무척 놀랐을 것입니다. 자연적 인간들은 이런 진리를 납득하기가 어렵습니다. 설령 거듭나야 할 필요를 알더라도 믿지 못하는 상태는 언제든 있습니다. 그것은 자연적 인간의 특성 중 하나입니다. 그만큼 자연적 인간에게 거듭남은 불가사의에 속합니다. 절대 거듭남의 진리를 알 수 없습니다."

나는 "거듭남은 영적으로 새로 태어나는 것이지요? 주님께서 새롭게 빚으신다는 사실이 놀랍기만 하네요."

코는 "두 번째 출생에 대해 시인은 이렇게 노래합니다. 내가 있다는 놀라움, 그저 당신께 감사합니다. 당신은 이 몸을 속속들이 다 아십니다. 은밀한 곳에서 내가 만들어질 때 깊은 땅속에서 내가 꾸며질 때 뼈 마디 마디 당신께 숨겨진 것이 하나도 없었습니다. 형상이 생기기 전부터 당신 눈은 보고 계셨으며 그 됨됨이를 모두 당신 책에 기록하셨고 나의 나날은 그 단 하루가 시작하기도 전에 하루하루가 기록되고 정해졌습니다." (시139:14-16).

나는 "새롭게 빚으시는 영혼의 재창조는 육체의 창조만큼 위대하고 불가사의한 일이군요."

코는 "사실 니고데모는 이스라엘의 선생으로써 이런 일을 어느 정도는 알고 있어야 했는데 그는 그렇지 못했습니다. 그래서 주님은 너는 이스라엘의 이름난 선생이면서 이런 것도 모르냐고 책망하셨던 것입니다."

나는 "부끄러운 일이군요."

코는 "주님은 오늘날 영적 지도자들조차도 경제와 과학적인 원리는 잘 알면서 거듭남의 진리는 전혀 알지 못하는 것을 안타까워하십니다. 주님께서 그분의 백성들에게 거듭남에 관한 지식을 가르쳐 주셨지만 유대인들은 전혀 납득하지 못했습니다. 그리스도의 왕국에 관한 지식을 얻고자 바랐던 이스라엘의 선생조차도 거듭남의 진리에 관해서는 전혀 모르고 있었던 것입니다."

나는 "참으로 답답하고 한심한 일이군요. 거듭남에 대해 무지몽매한 자들이 자신들이 보수주의자임을 자처하면서 진리를 사수하겠다고 소리를 내고 교만하게 떠들어대는 모습을 자주 봅니다. 나는 그들의 말보다 삶의 열매를 검증하고 싶습니다. 거듭남은 삶으로 말하니까요."

주님은 거듭나지 아니하면 절대로 하나님의 나라를 볼 수 없다고 말씀하셨다. 이 말씀은 복음서의 제일가는 진리중 하나이다. 거듭남은 천국을 위해 준비하는 것을 말한다. 천국을 위한 출생은 이 세상에 우리를 존재하게 했던 육체적 출생만큼 실재적인 출생이다. 영적인 거듭남의 단계에는 수태, 임신, 출생, 교육이 필요하다. 이런 과정의 주님은 아버지이시고, 교회는 어머니이다.

그러므로 주님으로부터 진리를 받은 자들은 하나님으로부터 출생했기 때문에 그분의 자녀인 것이다. 거듭남은 새로운 심정과 새로운 영을 부여받는다. 그것은 새 의지와 새 이해를 받는다는 말이다. 그 결과 새로운 애정과 생각으로 새로운 사람이 된다. 이것은 위로부터 출생하는 것이고 하나님의 자녀, 하나님 나라의 상속자가 되는 것이다.

"하나님이시여! 제 안에 깨끗한 심정을 창조하시고 제 속에 올바른 영을 새로 지어 주소서."

☞적용 : 당신은 진정으로 새롭게 출생했는가?

수염을 만나다

– 외적 진리 –

수염은 남자의 코밑이나 턱 또는 뺨 언저리에 난 털을 말한다. 나는 수염에게 "당신에 대해 말씀해 주시기를 바랍니다. 수염은 무엇을 의미합니까?"

수염은 "우리는 외적인 총명을 의미합니다. 머리에 있는 보배로운 기름이 수염 곧 아론의 수염에 흘러서 옷깃까지 적셨다고 했습니다. 머리는 가장 내적인 면을 의미하는 반면 수염은 가장 외적인 면을 의미합니다. 한마디로 선의 즐거움이 가장 깊은 곳에서 가장 외적인 면까지 확장된다는 것을 의미합니다." (시133:2).

나는 "다윗은 사자나 곰이 나타나 양 새끼를 한 마리라도 물어 가면 한사코 뒤쫓아가서 그 놈을 쳐서 그 아가리에서 양 새끼를 빼내고, 그놈이 돌아서서 덤벼들면 사자와 곰의 수염을 잡고 쳐 죽였다고 했습니다."

수염은 "수염은 가장 외적 차원의 진리이지만 그 속에는 힘이
존재합니다. 사자나 곰의 수염은 악한 자가 가지고 있는 가장 외
적인 힘을 말합니다. 악한 자들은 그것을 가지고 남용합니다.
다윗의 직업, 그의 체험, 힘에 대한 확신들은 모두 어둠의 세
력과 투쟁하는 주님의 속성을 표현합니다. 주님은 아버지의 양
떼를 돌보셨습니다. 이 양떼는 아버지께서 예수께 주신 것입니
다. 주님은 아무도 그들을 내 손에서 빼앗아 가지 못한다고 하
셨습니다(요10:28,29). 사자와 곰과의 싸움, 어린 양의 구출은 주
님께서 인류를 죄에서 구출하시는 것을 상징적으로 표현한 것
입니다."

나는 "수염을 태울 것이라는 의미는?" (겔5:1).

수염은 "외적 진리가 없음을 의미합니다. 또한 수염을 깎는 것
은 외적 진리를 거절하는 것을 의미합니다. 외적 진리가 제거되
면 자연스럽게 내적 진리도 제거됩니다."

☞적용 : 날마다 진리를 어떻게 실천하면서 살아가는가?

208

똥을 만나다

– 지옥의 상태 –

똥은 음식물을 소화하고 난 뒤 항문을 통해 몸 밖으로 내보내는 찌꺼기이다. 나는 길을 지나는 나그네에게 말을 걸었다. "나는 마음속 인체의 세계를 다니며 진리를 배우고 있습니다. 당신이 혹시 똥에 대해 아시면 말씀해 주시기를 바랍니다."

그는 "몸 안에 들어가서 소화되고 남은 음식 찌꺼기는 똥과 오물이 됩니다. 영적인 면에서 똥은 악과 거짓입니다. 이스라엘 백성들이 광야 생활 동안에 대변을 볼 때에 작은 삽으로 땅을 파고 몸을 돌려 배설물을 덮으라고 하였습니다. 대변은 냄새나는 추잡스러운 사랑을 의미하므로 그것을 몸을 돌려서 덮으라고 했던 것입니다. 한마디로 똥은 지옥을 의미합니다." (신23:13).

나는 "지옥은 어떤 곳입니까?"

그는 "지옥은 지면의 분토와 같다고 했습니다(렘16:4). 지면의 분토는 진리를 더럽히는 더러운 상태를 의미합니다. 또한 지옥은 도적 떼와 같고 사람을 공격하는 야수 떼와 같고 푸른 잎사귀를 먹어치우는 메뚜기 떼와 같습니다."

나는 "그렇다면 지옥은 진리를 더럽히는 자들이 떼를 이루는 곳이군요. 그러면 주님께서 속량하신다는 말은 무엇입니까?"

그는 "속량은 도적들과 싸워서 빼앗겼던 약탈물을 도로 찾아오는 것이고 메뚜기 떼를 막아서 해충을 박멸하여 과실이 맺는 동산을 회복하는 것이라고 말할 수 있습니다."

나는 "그렇다면 속량은 지옥을 정복하는 것이군요. 주님께서 악한 자를 물리치시고 선한 자들을 보호하시는군요."

그는 "지옥은 악한 삶과 거짓 믿음으로 하나님을 반역한 자들이 머무는 곳입니다. 천국과 지옥의 질서를 바로잡는 것을 속량이라고 합니다. 주님께서 바다의 풍랑을 향해 잠잠하게 하신 것은 지옥을 정복하신 것을 의미합니다."(막4:38-39).

나는 "주님께서 어떻게 지옥을 정복하시나요?"

그는 "지옥은 괴물입니다. 괴물을 단단히 묶어두지 않으면 사람은 악에서 구출된다고 하더라도 다른 악에 빠지고 맙니다."

나는 "주님은 어떻게 지옥과 투쟁하시나요?"

그는 "지옥과의 투쟁은 진리의 투쟁입니다. 주님의 생명 원리를 가지고 선으로 악을 이기십니다. 주님께서 나서시면 지옥에 있는 어떤 악한 자도 저항할 수 없습니다. 지옥의 마귀가 주님의 진리를 지각하면 자기 소굴에 기어 들어가 숨어버립니다. 땅의 왕들과 고관들과 장군들과 부자들과 세도가들과 노예들과 자유인들이 동굴과 산의 바위들 틈에 숨어서, 산과 바위를 향하여 우리 위에 무너져 내려서, 보좌에 앉으신 분의 얼굴과 어린 양의 진노로부터 우리를 숨겨다오. 그들이 진노를 받을 큰 날이 이르렀다. 누가 이것을 버티어 낼 수 있겠느냐? 라고 했습니다(계6:15-17). 그러나 주님은 진리에 대해 무지한 자를 거짓에서 건지시고 악에 빠진 자들을 선으로 이끄십니다(시113:7). 여호와는 가난한 자를 먼지 더미에서 일으키시며 궁핍한 자를 똥 더미에서 들어 올리신다고 했습니다."

☞적용 : 지옥과 투쟁하는가? 선으로 악을 이기는가?

자궁을 만나다

자궁은 여자의 몸에 수정란이 착상하여 분만하도록 돕는 기관이다. 여자의 자궁은 초경이 시작되는 13세부터 폐경이 되는 50세 정도까지 40만개의 생식세포 가운데 한 달에 한 개씩 2개의 난소에서 교대로 450여개의 난자를 만든다. 여자의 자궁에서 분비되는 호르몬은 남자와는 달리 몸매가 곱고 손이 예쁘고 음성이 상냥하고 소극적이고 내성적인 이차 성징이 나타나도록 한다.

나는 자궁에게 "나는 마음속 인체의 세계를 다니며 진리를 배우고 있습니다. 당신에 대해 말씀해 주시기를 바랍니다."

자궁은 "우리는 선을 담는 진리의 그릇입니다. 자궁의 문이 열렸다는 것은 하늘의 선을 받아들이는 것을 의미합니다."

나는 "주님께서 자궁을 여신다는 것은?" (창29:31, 30:22).

자궁은 "자궁을 여는 것은 사람이 참 교회가 되기 위해 임신하고 출산하는 준비 과정인데, 순진무구의 선, 선행의 선, 믿음의 선 등을 받아들여서 열매 맺는 것을 의미합니다."

나는 "자궁의 문을 닫았다는 말은 무엇인가요?" (창20:18).

자궁은 "선을 받아들이지 못하는 상태입니다."

나는 "환란 날에 아이밴 자들에게 화가 있다는 말은?" (마24:19).

자궁은 "임신은 거듭나기 위해 선이 심겨진 상태입니다. 그러나 임신은 아직 아이가 출생하지 않은 상태이기 때문에 거듭남의 초기 상태입니다. 다시말해 마음속에 종교가 있지만 삶으로는 발전하지 못한 상태를 말합니다."

나는 "그런데 왜 이런 상태가 화가 있다고 했나요?"

자궁은 "출산의 고통이 따르기 때문입니다. 사람이나 짐승이 출산할 때는 고통과 위험이 따릅니다. 그래서 산고를 겪는 여인의 고통이라고 말합니다. 영적인 출산도 마찬가지입니다."

나는 "어떤 고통인가요?"

자궁은 "고통은 천국 원리가 결실을 보고자할 때 찾아옵니다. 해산은 내면이 외적으로 드러나는 것입니다. 즉 마음속에 있던 것이 삶으로 옮겨지는 것입니다."

나는 "아! 그렇다면 기쁘고 좋은 일 아닌가요?"

자궁은 "하지만 주변 환경이 그렇지 못합니다. 누구든지 진리를 실제 생활에 적용한다는 것이 얼마나 힘든 일인지 모릅니다. 그 이유는 죄의 유혹이 마치 우는 사자처럼 포위하여 삼킬 자를 공격하기 때문입니다."

나는 "하나님이 라헬을 생각하셔서 그녀에게 귀를 기울이시고 자궁을 여시고 요셉을 낳았다는 의미는?" (창30:22-24).

자궁은 "주님께서 그녀의 자궁을 여셨다는 말은 영접하는 능력이 회복되었음을 의미합니다. 라헬은 아들을 얻기 위해 주님께 소원을 빌고 요셉을 낳았습니다. 주님께서 귀를 기울이신 것은 주님의 섭리를 의미합니다."

나는 "자궁은 선을 영접하는 그릇이군요."

자궁은 "자궁은 남자와 여자가 만나는 장소입니다. 이를 두고 혼인이라고 합니다. 그러나 잘못된 만남은 간음입니다. 자궁은 선과 진리의 결합 즉 하늘과 땅이 만남입니다. 그래서 악인은 자궁에서 멀어졌다고 했는데, 자궁에서 멀어짐은 선에서 분리됨을 의미하는 것입니다."(시58:3).

나는 "그렇다면 자궁의 복은 무엇을 말하나요?"(창49:26).

자궁은 "자궁의 복은 선과 진리의 결합입니다. 복의 근원지는 천국이며 최고의 축복입니다."

나는 "주님께서 모세에게 사람이나 짐승을 막론하고 자궁에서 처음 난 모든 것은 다 거룩히 구별하여 내게 돌리라 이는 내 것이라고 하셨습니다."(출13:2).

자궁은 "사람이든 짐승이든 막론하고 자궁이 열린다는 것은 선이 진행되어 거듭나는 것을 의미합니다. 모든 첫 태생은 다 주님의 것이라고 말씀하셨는데 그 이유는 거듭나게 하시는 분이 주님이시기 때문입니다. 자궁을 여시는 분은 주님이십니다."(출34:19).

나는 "사도 요한은 밧모 섬에서 장엄한 광경을 보았습니다. 하늘에 한 여자가 태양을 입고 달을 밟고 열두 왕관의 별을 머리에 쓰고 나타났습니다. 그리고 그 여자가 아이를 배어 해산하게 되어 아파서 애를 쓰며 부르짖었다고 했습니다."(계12:1~2).

자궁은 "이 광경은 깊은 의미가 들어 있습니다. 여인은 교회를 의미합니다. 여인이 태양으로 옷을 입었다는 것은 교회가 사랑 안에 거하는 것이고, 달이 그녀의 발 아래 있다는 것은 교회의 기초가 믿음이라는 것을 말하고, 머리에 열 두 별이 있는 왕관이 있는 것은 천국에 관한 지식 즉, 지혜와 총명이 있음을 의미합니다. 이사야는 다시는 너의 해가 지지 아니하고 너의 달이 다시는 스러지지 아니하리라고 했습니다."(사60:20).

나는 "아! 새롭게 되는 교회의 모습이군요. 그런데 여자가 뱃속에 아이를 가졌고 해산의 진통과 괴로움 때문에 울고 있다고 했는데, 왜 그렇지요?"

자궁은 "아이가 출생할 때의 고통은 거듭날 때 수반되는 괴로움입니다. 출생에 수반되는 고통은 각 개인이 지닌 악의 강도에 비례합니다. 그러나 진정한 고통은 지옥불의 고통입니다. 결코 경험해보지 못했던 무서운 고통, 미치게 만드는 고통입니다. 저주받은 자의 가장 큰 고통은 영화로운 천국에 비해 자신은 그렇지 못하기 때문입니다. 마치 병든 눈에 강한 빛을 받으면 더 아픔을 느끼는 것과 같습니다."

나는 "그러면 죄인이 어떻게 해야 천국에 도달할까요?"

자궁은 "네, 그리스도와 함께 십자가의 고통을 견딘다면 천국에 도달할 수 있습니다. 십자가의 고통은 그분과 더불어 사는 것이며 그분이 우리를 통치하도록 맡기는 것입니다. 천국은 그분의 보좌입니다. 그분이 통치하신다면 그 어디나 하늘나라입니다. 주님께 가까이 있는 자들은 언제나 주님의 통치로 인해 마음이 순수한 사랑으로 가득차 있습니다."

참된 교회의 본질은 무엇인가? 교회는 주님을 사랑하고 이웃을 사랑하는 원리로 구성되어 있다. 교회는 이런 원리에 의해 움직이지만 품질과 수준은 각 교회마다 다르다. 거기에는 주님에 관한 지식이 연관을 갖는다. 사람이 주님을 알지 못하면 절대로 그분을 제대로 사랑할 수 없다. 고로 그리스도인들은 유대인들보다 더 주님을 완전하게 사랑할 수 있는 것이다.

예수 그리스도는 신성한 본성을 그분의 생애와 가르침으로 진열하셨다. 만일 주님이 보여주신 신성의 본보기를 마음 깊이 간직한다면 교회의 타락은 있을리 만무하다.

☞적용 : 주님의 신성의 본보기를 마음에 담는가?

출산을 만나다

– 삶의 열매 –

출산은 아기를 세상에 내놓는 것을 말한다. 태아는 엄마 뱃속에서 고고지성을 지르고 세상으로 나온다. 공기가 없는 양수에서 바깥 세상으로 나와 드디어 허파가 활짝 펴지면서 독립된 호흡을 시작하는 순간이고, 엄마의 몸에서 떨어져 나와 탯줄이 잘리는 순간이다. 탯줄은 시간이 지나면서 작아지고 단단해져 나중에는 떨어지고 마는데 그 붙었던 자리가 배꼽이다.

나는 출산에게 "당신에 대해 말씀해 주시기를 바랍니다. 출산한다는 것은 무엇을 의미합니까?"

출산은 "우리는 삶의 열매와 같습니다. 사람은 사랑에 의해 임신하고 출산합니다. 세속적인 사람은 세상적인 것에 에너지를 집중시켜서 임신하고 출산을 합니다. 하지만 영적인 사람은 진리를 사랑함으로 선의 열매를 출산합니다."

나는 "여자가 자식을 낳는 것은 결실을 보는 것이군요."

출산은 "사람이 진리를 실천하는 것은 자식을 낳는 것과 같습니다. 한마디로 출산은 거듭남입니다. 진리를 배워서 새로 태어나는 것입니다. 영적 의미로 출산은 진리와 선이 나오는 것입니다. 고로 거듭남은 출생으로 시작해서 삶이 끝날 때까지 계속됩니다. 엄밀하게 말한다면, 영원히 계속됩니다."

나는 "한나의 기도 중에 전에 임신하지 못하던 자는 일곱을 낳았다는 말이 있는데 무슨 의미인가요?"

출산은 "일곱은 거룩을 의미하는 숫자입니다. 일곱을 낳았다는 말은 진리로 인해 충분하게 거듭난 상태를 말합니다. 이방인들이 주님을 인정하고 진리를 받아들여 거듭난 상태를 의미합니다."

나는 "성경에 해산할 때라는 말이 있던데요."

출산은 "그 의미는 생산할 때입니다. 교회가 믿음과 행동 즉 선과 진리를 생산하는 것을 의미합니다. 영적 출생과 번성은 진리를 사랑한 결과입니다." (창38:27).

나는 "요한계시록에 해산하려는 여자 앞에 용이 서 있다가 해산하면 아기를 삼켜버리려고 한다고 했습니다." (계12:4).

출산은 "거짓의 세력은 진리를 무너뜨리기 위해 언제나 대기하고 있습니다. 이와 비슷한 모양새가 주님께서 강림하실 때 있었습니다. 아기 예수께서 베들레헴에 태어나시자 헤롯이 아기를 죽이려고 시도했던 장면입니다. 여자는 교회를 의미하고 용은 잘못된 교리 즉, 참된 교회의 기초를 침식시키려는 잘못된 논리를 말합니다. 여인으로 표현된 순수한 진리를 삼키려고 용은 언제나 노려 보고 있습니다."

나는 "잉태한 여인이 산기가 임박하여 산고를 겪으며 부르짖음 같이 우리가 주 앞에서 그와 같다. 우리가 잉태하고 산고를 당할지라도 바람을 낳은 것 같아서 땅에 구원을 베풀지 못하였고 세계의 거민을 출산하지 못하였다고 했습니다."

출산은 "산고를 겪으며 부르짖는 것은 진리를 지각하는데 어려움이 동반되는 것을 의미합니다. 개혁은 진리의 지식을 통해서 이루어지기 때문입니다. 산고를 겪지만 바람을 낳은 것 같다는 말은 진리의 결핍으로 개혁되지 못한 상태라는 의미입니다."

나는 "너희는 자식을 해산하는 남자가 있는가 물어보라 어찌하여 모든 남자가 해산하는 여자같이 손을 자기 허리에 대고 모든 얼굴이 겁에 질려 새파래졌는가 라고 했습니다." (렘30:6).

출산은 "남자는 진리를 의미합니다. 해산하는 남자가 없다는 말은 진리는 실천없이 열매를 맺을 수 없다는 의미입니다. 그런데 어찌하여 남자가 아이 낳는 여자가 하듯이 자기 손을 허리에 두는가 하는 의미는 행함없이 진리가 열매를 맺을 수 있다고 생각하는가 라는 말입니다. 진리는 실천으로 선의 열매를 맺습니다."

나는 "자고새는 낳지 않은 알을 품는다고 했습니다." (렘17:11).

출산은 "낳는 것은 거듭남을 말합니다. 낳지않은 알을 품었다는 것은 진리를 지식으로만 알고 있으면서 마치 거듭난 것처럼 행세하는 것을 의미합니다. 그런 자들의 거들먹거림은 참으로 가관입니다. 이들은 앞에서 진리를 말하지만 뒤에서는 온갖 더러운 짓거리를 하면서 어리석은 자들을 꼬여내어 연자맷돌을 그 목에 걸어주고는 지옥으로 던져넣는 일을 합니다. 이런 짓을 자행하는 가증스럽고 역겨운 행태를 무슨 말로 표현할 수 있을까요?"

나는 "나도 그런 자를 보았습니다. 거듭남이 무언지 알지도 못하면서 교회의 겉모습에 도취되어 온갖 잘난 체를 하면서 어리석고 무식하며 허황된 병든 영혼을 꾀어내고는 온갖 감언이설로 맹독을 주사하듯이 더러운 사상을 주입시켜, 결국 그로 하여금 더러운 자만심을 갖게 만들어 남편과 가정을 버리도록 만드는 횡포를 부렸습니다. 나는 그를 볼 때 마치 지옥의 악령과 강도를 보는 듯 하였습니다. 그는 그런 짓거리를 하면서 자신이 하늘의 사자인듯이 행동했는데, 나는 그의 결국이 어떻게 될지 매우 궁금했습니다. 주님의 심판을 어떻게 피해 간단 말입니까?"

나는 "임신과 출산은 무엇인가요?"

출산은 "성경에 임신하는 고통을 크게 더하며 수고하고 자식을 낳을 것이라고 했습니다. 임신은 생각하는 것을 말합니다. 고통 가운데 임신한다는 것은 생각 안에 진리를 받는 것이고, 출산은 거듭나는 삶으로 결실하는 것입니다. 그러므로 자아에 집착하는 교회는 그만큼 고통스러울 수밖에 없습니다. 수고하고 자식을 낳는 것은 고난속에서 교회가 진리를 생산하는 것을 의미합니다." (창3:16).

☞적용 : 진리의 열매를 맺고자 하는 의도가 있는가?

이를 만나다

– 감각 –

이는 입안에서 음식물을 씹는 데 쓰이는 기관이며 이의 겉은 희고 반짝이는 에나멜로 덮여있고 속에는 상아질이 있으며 안쪽에는 신경과 혈관의 뿌리가 있다. 이뿌리는 시멘트질이며 이빨을 턱뼈에 고정시켜 주고 그 둘레를 잇몸이 둘러싸고 있어 이가 턱뼈에 박혀 있다. 나는 이에게 "당신에 대해 말씀해 주시기를 바랍니다."

이는 "우리는 자연성을 의미합니다. 진리의 감각적인 부분을 말합니다."

나는 "눈에는 눈, 이에는 이라는 말은 무슨 뜻입니까?"

이는 "눈은 이해력이고 이는 감각적인 부분을 의미합니다. 타인의 진리에 대한 이해와 진리에 대한 감각을 제거하면 그에 비례하여

자신의 이해와 감각도 제거될 것이라는 뜻입니다."

나는 "남종의 이나 여종의 이를 쳐서 **빠뜨리면** 보상으로 그를 놓아주라는 구절이 있습니다."(출21:27).

이는 "이빨이 없으면 음식물을 씹을 수 없습니다. 이를 쳐서 **빠뜨린다는** 말은 진리의 감각이 파괴되어서 내면을 섬길 수 없게 되었기 때문에 놓아주라는 뜻입니다."

나는 "바깥 어두운 곳에 쫓겨나 울며 이를 갈게 되리라고 했습니다. 이를 간다는 의미는?"(마8:12).

이는 "바깥 어두운 곳은 거짓이 가득한 상태입니다. 그곳에서 이를 갊은 추론으로 심한 논쟁함을 말하고 통곡하는 것은 만족이 없는 상태입니다."

나는 "들짐승의 이는 무엇을 의미하나요?"(신32:24).

이는 "들짐승의 이는 탐욕적 악을 의미합니다. 그들의 이는 창과 화살이라는 말이 있는데, 감각을 가지고 추론하는 것을 말합니다. 그러니까 추론하여 만든 거짓된 이론을 가지고 논쟁하여 진리를 파괴함을 의미합니다."(시57:4).

☞적용 : 감각으로 진리를 섬기는가?

뼈를 만나다

− 겉사람의 자아 −

뼈는 살 속에서 몸을 지탱하는 단단한 물질이며 인체의 근간을 이루며 키가 크고 작음을 결정한다. 인간의 뼈는 206개라고 한다. 뼈의 조직은 끊임없이 죽었다가 생성되는데 7년에 한 번씩 몸 전체의 뼈가 새것으로 바뀐다. 뼈는 몸의 길이뿐만 아니라 예쁘고 못 생기는 것도 뼈의 모양에 따라 구분된다. 또한 뼈는 강철보다 단단하고 가벼운 특성을 지니고 있어서 내부기관을 보호하는 역할을 한다. 머리뼈는 뇌를 보호하고 갈비뼈는 심장과 허파와 간을 보호한다. 나는 뼈에게 "당신에 대해 말씀해 주시기를 바랍니다."

뼈는 "우리는 마음 중심에서 가장 멀리 떨어져 있는 상태를 의미합니다. 즉, 생명력이 약한 상태를 말합니다. 심장, 폐, 뇌 보다 적은 생명을 가지고 있습니다."

나는 "뼈 중의 뼈는?" (창2:23).

뼈는 "뼈 중의 뼈는 겉사람의 자아를 의미하는데 간신히 살아 있는 자아입니다. 뼈는 오로지 근육과 신경을 수단으로 움직입니다. 영적 마음과는 거리가 있는 자연적인 지성에 해당됩니다. 지성은 선한 목적으로 사용될 때까지는 생명이 없습니다. 지성은 차갑고 죽은 것 같지만 사랑에 의해 곧 훈훈해 집니다. 지성은 사랑과 연합이 잘 이루어집니다."

나는 "마른 뼈는 무엇을 의미합니까?"

뼈는 "마른 뼈는 기억 속에 죽은 듯이 누워있는 흐트러진 자연적 관념입니다. 사람들이 진리의 애착없이 교회에 와서 성경 지식만 쌓거나 이기적이고 정욕적인 계곡에 머물 경우에 그 지식들은 마치 골짜기에 널려있는 마른 뼈와 같습니다."

나는 "아! 골짜기에 널려있는 뼈의 실상이군요."

뼈는 "네, 생명과 멀리 떨어져 있는 바짝 메마른 인간의 모습입니다. 지식으로 모든 것을 판단하고 평가하는 어리석은 인간들입니다. 그들이 자랑스럽게 말하는 지식은 하늘나라와 상관없는 세상 지식이며 거짓된 관념일 뿐입니다."

나는 "요셉이 죽기 전에 이스라엘 자손에게 말하기를 내 해골을 메고 가나안에 가라고 하였습니다."(창50:25).

뼈는 "이스라엘 후손들은 과거 요셉이 그들에게 분부했던 대로 그의 뼈를 가지고 이집트를 떠났습니다. 이스라엘 백성들은 가나안 땅을 쟁취하고 난 후에 이집트에서 모셔온 요셉의 뼈를 세겜에 묻었습니다."(수24:32).

나는 "요셉의 뼈를 세겜 땅에 묻는 것은 무엇을 의미하나요?"

뼈는 "매장은 부활을 예시합니다. 세겜 땅에 묻힌 요셉의 뼈는 진리와 사랑의 소생을 의미합니다. 그리고 야곱이 세겜 땅을 매입한 지 거의 이 천년 후에 요셉으로 예표되신 주님께서 매장된 율법의 원리를 새 생명으로 일깨우기 위해 오셨습니다."

나는 "부활후에 주님께서 제자들에게 나타나셔서 내 손과 내 발을 보아라. 틀림없이 나다! 자, 만져보아라. 영은 뼈와 살이 없지만 보다시피 나에게는 있지 않느냐고 하셨습니다."(눅24:39).

뼈는 "부활후 주님께서 제자들 가운데 계셨을 때, 사실 그분의 몸은 물질적인 몸이 아니었습니다. 그분은 문이 닫혀 있었지만 통과

227

할 수 있었습니다." (요20:19).

나는 "주님께서 우리 가운데 계셨다는 의미는?"

뼈는 "주님께서 우리 가운데 계신다는 것은 인간에게는 말로 다 표현할 수 없는 복되고 영광스러움입니다. 오늘날 우리는 진리를 통해서 그분을 뵙습니다. 말씀이 육신이 되심은 주님께서 이세상에 눈으로 볼 수 있도록 현존하셨다는 것, 그 이상의 의미를 지니고 있습니다."

천국의 교회와 지상의 교회는 살과 뼈와 비교된다. 주님께서 살과 뼈로 구성된 자신의 몸을 말씀하신 것은 그분의 인성과 신성을 말씀하신 것이다. 그분은 자신을 두고 천국과 교회, 영계와 자연계에 존재하는 사람으로 말씀하신 것이다.

그러므로 예수의 뼈는 꺾이지 말아야 한다. 그것은 오늘날의 지상 교회이기 때문이다. 그리고 주님의 옆구리로부터 흘렀던 피는 교회에 필요한 신성한 진리이다. 교회는 주님의 진리를 어떻게 영접하고 있는가?

☞적용 : 하늘의 진리를 추구하고 있는가?

젖꼭지를 만나다

– 사랑에서 오는 선 –

젖꼭지는 젖의 한가운데에 도드라진 부분이다. 나는 젖꼭지에게 "당신에 대해 말씀해 주시기를 바랍니다."

젖꼭지는 "젖꼭지는 가슴에서 돌출해 있습니다. 젖꼭지는 선을 의미합니다. 성경에 왕들의 젖꼭지를 빨 것이라고 말했는데, 왕은 진리, 젖꼭지는 선을 의미하는 말입니다(사60:16). 주님께서 가슴에 금띠를 띠었다고 했습니다. 가슴에 금빛의 띠를 띠신 것은 젖꼭지에 띠를 매신 것을 의미합니다. 젖꼭지에 띠가 매어지는 것은 신성한 선을 의미한 것입니다."(계1:13).

☞적용 : 선을 위해 준비된 삶을 사는가?

제2부

인체 내부편

담즙을 만나다

- 변질된 진리 -

담즙은 간에서 만들어지는 소화액인데 쓸개즙이라고 부른
다. 쓸개는 간의 아래쪽에 있으며 쓸개주머니 혹은 담낭
이라고 한다. 쓸개는 간에서 만들어진 쓸개즙(담즙)을 일정기간 저
장하는데, 담즙은 음식이 창자로 내려올 때 집중적으로 분비되어
지방을 분해시켜서 소화가 잘되도록 도와주는 역할을 한다. 담즙
은 참을 수 없을 정도로 쓰기 때문에 섶에 누워 쓸개를 맛본다는 말
로 와신상담이라고 말한다. 내가 담즙을 두고 궁금해 할 때 지나가
는 분이 내게 말을 건넸다. "무엇을 고민하십니까?"
나는 그에게 "나는 마음속 인체의 세계를 다니며 진리를 배우고
있습니다. 담즙에 대해 말씀해 주시기를 바랍니다."
그는 "정의를 쓸개로 바꾸며 공의의 열매를 쓴 쑥으로 바꾼다는

말이 있습니다. 정의를 쓸개로 바꾼다는 말은 진리를 왜곡시켜서 거짓으로 혼란스럽게 섞어버린 것을 의미합니다. 담즙은 변질된 진리를 의미합니다. 담즙을 음식물로 준다는 말이 있습니다. 이는 역겨운 것을 의미합니다."(시69:21).

나는 "담즙은 변질된 진리를 의미하는군요."

그는 "그들의 포도주는 뱀의 독이요 독사의 맹독이라고 했습니다. 이는 거짓으로 인한 악독을 말합니다(신32:33). 독사의 맹독은 담즙을 의미합니다. 포도주는 진리를 의미하는데, 뱀 독과 독사의 담즙은 왜곡된 거짓입니다. 욥기에는 음식이 창자 속에서 변하며 뱃속에서 독사의 쓸개가 되었다고 했습니다."(욥20:14).

나는 "주님께서 목마르다고 하셨을 때 사람들이 신포도주를 적신 해면을 우슬초에 매어 예수의 입에 대었습니다."(요19:29).

그는 "사람들이 신포도주를 해면에 듬뿍 적셔서 히솝 풀대에 꿰어 가지고 예수의 입에 대자 예수께서는 신 포도주를 맛보신 다음에 다 이루었다고 하시고 고개를 떨어뜨리시며 숨을 거두셨습니다."

나는 "주님께서 고통 중에 신포도주를 맛보셨군요."

그는 "주님은 십자가형에 따른 고통의 결과로 목이 타는 갈증이 일어났습니다. 그렇지만 주님은 불평없이 고통을 견디어 내셨습니다. 그분은 고통을 완화하려고 시도하지 않았습니다."

나는 "그분의 갈증은 어떤 갈증인가요?"

그는 "그분의 갈증은 죄악으로 인해 멸망하는 인류의 구원을 애타게 바라시는 신성한 목마름입니다. 육체를 입으신 유일한 목적이 처음부터 끝까지 인류 구원을 위한 것이기 때문입니다."

나는 "주님께서 신포도주를 받으셨지만 쓸개탄 신포도주(마27:34)와 몰약을 탄 포도주(막15:23)를 받지 않으신 이유는?"

그는 "신포도주는 잘못은 있지만 악한 의도가 없는 자들을 의미합니다. 그러나 쓸개나 몰약을 탄 포도주는 악과 혼합된 자입니다."

나는 "아! 죄의 품질의 차이로군요."

그는 "주님 앞에서는 고집스럽고 뻔뻔한 악은 담즙과 같아서 용납이 안됩니다."

나는 "십자가 앞에 놓인 그릇에 신포도주로 채워져 있는 것은 무슨 의미인가요?"

그는 "사람들 중에는 잘못된 교육을 받아 무지로 인하여 죄를 저

지르는 경우가 있습니다. 이는 십자가 앞에 놓인 그릇이 신포도주로 채워져 있는 것과 같습니다. 사람의 기억 안에는 잘못된 것들이 가득합니다. 생각은 잘못된 기억을 떠올립니다. 비록 이기적이고 잘못된 생각이지만 주님을 예배하도록 생각을 불러일으키기도 합니다. 그것은 마치 해면을 신포도주로 듬뿍 적셔서 구세주의 입술로 들어올린 것과 같습니다."

나는 "돌이켜 보면 내 자신이 바로 신포도주같은 그런 모습이었습니다. 주님께서 나를 담즙으로 보시지 않고 신포도주 정도로만 여겨주신다면 참으로 다행입니다. 지난 날을 살펴보면 모든 것이 담즙 같기만 하여 부끄럽고 죄송한 마음뿐입니다. 온전하지 못한 신포도주같은 모습으로 진리를 말하고 주님을 기쁘시게 하려고 했으니 말입니다. 이렇게 볼품없고 죄악된 영혼이 주님의 갈증을 조금이라도 해소하기 위해서 나의 모습을 들어올렸다면 주님께서 그 마음을 헤아려 주실까요?"

그는 "만일 주님의 목마름을 해소할 의도로 신포도주를 올려드렸다면 다시말해 인류 구원을 원하시는 주님의 사랑을 만족시키고자 의도했다면 열납되었을 것입니다."

나는 "그런가요? 시편 기자는 이런 고백을 했습니다. 누가 잘못을 이해할 수 있겠습니까? 당신께서는 은밀한 과오들로부터 저를 깨끗하게 하십니다."

그는 "주님은 사람의 중심을 헤아려 보십니다. 예수께서 신포도주를 받으셨을 때, 다 이루었다! 라고 말씀하시고 고개를 떨어뜨리시며 숨을 거두셨습니다. 이 신성한 선포를 얼마나 이해할 수 있을까요?"

나는 "인간의 인성을 입고 걸어가신 주님 사랑의 성취이군요."

그는 "주님은 고난의 시험을 통해 인성이 영화롭게 되심으로 어둠의 권세를 복종시키셨습니다. 주님은 구세주로서 인성의 운명을 십자가에서 지셨습니다. 그렇지만 주님은 부활하셨습니다. 주님께서 어둠을 이기심으로 섭리가 완성되었습니다. 뱀은 주님의 뒤꿈치를 물었지만 여인의 후손은 뱀의 머리를 부수었습니다."

나는 "주님의 부활을 말하는군요."

그는 "주님은 부활하심으로 영화롭게 되셨고 모든 인류에게 구원의 길을 열으셨습니다."

나는 "예수께서 고개를 떨구시면서 다 이루었다고 하셨습니다."

그는 "주님께서 머리를 떨구심은 인성을 내려놓는 행동입니다. 시험의 바탕이 되는 유전적 생명이 소멸된 것입니다."

나는 "인성을 내려놓으시고 신성으로 들어가셨군요."

그는 "주님은 인간 본성을 취하신 후, 그 인성을 신성으로 만드셨습니다. 그분께서 인성을 입으시고 영화하셨는데 그 이유는 인류의 구원을 위한 구속 때문입니다. 그러므로 인류의 가장 위대한 사건은 창조주가 육체를 입으신 사건입니다."

나는 "어떤 이는 주님의 이러한 과정을 옷 한벌에 비교하여 옷의 실을 한번 빼내고 그 대신 금실로 대체하는 작업을 계속 되풀이하여 결국 그 옷은 금 옷이 되었다고 하던데요."

그는 "참으로 기가 막힌 표현입니다. 주님께서 부활하셨을 때, 세상에 계시면서 입으신 모든 인성 즉, 물질적인 몸은 남겨두신 것이 하나도 없었습니다. 그러나 그분은 이제 자연계에 영화롭게 되신 인성으로 세상에 계실 수 있게 되었습니다. 그래서 주님은 내가 세상 끝날까지 너희와 항상 함께 있겠다고 말씀하셨던 것입니다."

☞적용 : 당신은 담즙인가 아니면 신포도주인가?

콩팥을 만나다

– 진리의 분별–

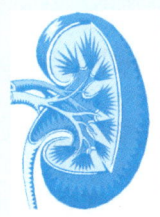

콩팥은 몸 안에 생긴 노폐물을 걸러 오줌으로 배출하는 기능을 하는 기관이다. 콩팥은 누에콩을 닮았다고 해서 붙여진 이름으로 신장이라고 한다. 콩팥은 노폐물을 걸러 배설하는 일차적인 것 외에도 체액 조절과 혈액농도를 조절하기도 한다. 사람의 콩팥을 지나는 혈액의 양은 하루에 1통이 넘고 심장에서 품어낸 전체 피의 20%가 지나간다. 콩팥에는 오줌을 만드는 작은 현미경 공장이 100만개가 있다.

나는 콩팥에게 "콩팥에 대해 말씀해주시기를 바랍니다."

콩팥은 "우리는 인체 좌우에 한 쌍이 있고 체내에서 생긴 불필요한 물질을 체외로 배출하고 체액을 조성하고 양을 일정하게 유지해 줍니다. 콩팥이 하는 일은 영양분이 흡수되면 혈액의 소금기를

0.9%로 조절하여 염도가 낮으면 물을 배설하여 혈액의 염도를 조절합니다."

나는 "한마디로 피를 맑게 하는 기능을 하는군요."

콩팥은 "피액을 조사하고 해로운 것은 분리합니다."

나는 "아! 콩팥은 피를 조사하고 탐색하는 조사관이군요. 몸의 전체 유익을 위해 정당하게 조사하나요?"

콩팥은 "우리의 정당성은 천국과 연결됩니다. 만군의 주님, 주님은 의로운 재판관이시요, 사람의 생각(신장)과 마음(심장)을 감찰하시는 분이시라는 말씀이 있습니다(렘11:20). 그리고 주님, 나를 샅샅이 살펴보시고, 시험하여 보십시오. 나의 속 깊은 곳(신장)과 마음(심장)을 달구어 보십시오! 라고 했습니다(시26:2). 그리고 주님께서 모든 교회는 내가 사람의 생각과 마음을 살피는 분임을 알게 될 것이다. 나는 너희 각 사람에게 그 행위대로 갚아 주겠다고 했습니다." (계2:23).

나는 "무슨 의미인가요?"

콩팥은 "신장은 장액을 정화하고 심장은 혈액을 정화합니다. 신장과 심장을 뒤지시는 분이시라는 뜻은 내면과 외부, 믿음과 사랑을 조사하신다는 것입니다. 신장은 믿음의 진리를 말하고, 심장은 사랑의 선에 관한 것입니다. 신장을 살피는 것은 진리의 성질을 탐색하는 것입니다. 믿음의 양과 질을 탐색하는 것입니다. 심장은 피의 원천지이고 신장은 피를 깨끗하게 해주는 기관입니다. 육체의 이런 기관들은 의지와 지성에 해당하는 부분입니다. 주님께서 신장과 심장을 샅샅이 뒤진다고 할 경우, 우리의 의지와 지성의 상태를 아신다는 것뿐만 아니라 자신의 상태를 보고 인식하도록 깨닫게 해주신다는 것까지 포함하고 있습니다.”

나는 “나는 자신이 누구인지를 많은 노력을 해왔지만 모두 헛수고였다는 것을 알게 되고는 주님께서 내게 명철한 눈을 뜨게 해주셔야 한다는 것을 나중에서야 깨닫게 되었습니다. 주님께서 나를 아시듯 나는 나자신을 결코 제대로 알 수 없습니다.”

콩팥은 “맞습니다. 그분이 우리의 상태를 완전하게 알고 계시지 않으면 우리는 결코 마음의 상태에 관한 지식을 가질 수 없습니다. 신성한 조사관은 사람의 바램과 생각을 조사하십니다. 어느 누구도 이 조사를 비껴갈 수 없고 면제될 수도 없습니다.”

☞적용 : 스스로 자아 검증을 하는가?

땀을 만나다

땀은 운동을 하거나 더울 때 피부에서 분비되는 액체로 몸의 체온을 조절한다. 나는 땀에게 "나는 마음속 인체의 세계를 다니며 진리를 배우고 있습니다. 당신에 대해 말씀해 주시기를 바랍니다. 땀은 무엇을 의미합니까?"

땀은 "사람들이 땀이 나는 것은 심한 운동이나 고된 노동 혹은 날씨가 덥거나 매운 음식을 먹을 때도 납니다. 땀은 땀샘에서 분비되는 액체인데 몸의 체온조절 작용이라고 볼 수 있습니다."

나는 "그러면 영적으로 땀 흘림은 무슨 의미인가요?"

땀은 "사람이 진리대로 살려고 하는 것을 땀 흘리는 상태와 같다고 볼 수 있습니다. 우리가 시험을 당하면 땀 흘림으로 거듭남에 이릅니다. 땀은 몹시 긴장할 경우에도 흘리고 악에 저항하거나 선을 행할 때도 흘리지만 마지못해 선행할 때도 흘립니다."

나는 "범죄한 아담은 얼굴에 땀을 흘려야 떡을 먹는다고 했습니다."(창3:19).

땀은 "먹는다는 것은 떡을 먹는 것인데 먼저 떡의 의미를 알아야 합니다. 영적으로 떡은 하늘나라 양식입니다. 주님은 이것은 하늘에서 내려오는 떡이다. 이 떡을 먹는 자는 영원히 살 것이라고 말씀하셨습니다."(요6:58).

나는 "그러면 떡은 하늘에서 내려오는 만나를 말하나요?"

땀은 "성찬식을 할 때 먹는 떡과 포도주는 주님의 살과 피를 의미합니다. 하늘의 떡은 천사들의 식량입니다. 그래서 주님께서 사람이 떡으로만 살지 않고 하나님의 입에서 나오는 말씀으로 산다고 하셨던 것입니다."(마4:4).

나는 "그런데 왜 땀을 흘리면서 떡을 먹는다고 하였나요?"

땀은 "인간은 죄를 범하고 하늘나라 양식을 잃어버리게 되었습니다. 인간은 감각적인 삶속에 침수되어 더 이상 하늘나라 진리를 반가와 하지 않게 되었습니다. 결국 인간들은 하늘나라를 싫어하게 되어 하늘의 것이 앞에 나타나게 되면 뒤돌아서 버립니다. 이런 싫음이 얼굴의 땀을 흘리며 떡을 먹는 것으로 묘사되었습니다."

나는 "아! 그래서 얼굴에 땀을 흘려야 떡을 먹는다고 했군요. 너무나 심오합니다. 이 귀한 진리를 그동안 몰랐습니다. 나는 땀을 흘리는 수고의 대가로 떡을 획득한다고 이해했습니다. 죄를 지은 인간들이 하늘나라 양식을 싫어하는 모습을 의미하는군요."

나는 "유대인들은 광야에서 하늘에서 내려주신 만나를 싫어했습니다."

땀은 "그들이 만나를 싫어한 이유는 만나가 주님을 의미했기 때문입니다. 그들은 세상적 메시야만을 갈구했습니다. 그래서 그들은 만나를 천한 떡이라고 불렀는데 이것 때문에 불뱀이 그들에게 보내졌습니다." (민21:5,6).

나는 "불뱀이 어떻게 했나요?"

땀은 "불뱀이 그들을 물었습니다. 불뱀과 더불어 고난이 왔습니다. 그들은 고난 중에 있을 때를 고난의 떡, 눈물의 떡을 먹는다고 말했습니다. 그러나 주님은 떡에 대해 말씀하시기를 내 양식은 나를 보내신 분의 뜻을 행하여 그분의 일을 하는 것이라고 말씀하셨습니다." (요4:34).

나는 "떡을 두고 주님과 이스라엘 백성의 해석이 다르군요."

땀은 "생명나무로부터 쫓겨난 아담은 얼굴에서 땀을 흘림으로 떡을 먹게 되었습니다. 그러나 주님께서는 생명나무에 이르는 길을 회복시키셨습니다. 이제 우리는 각자가 그 나무에 이르는 길을 만들어야 합니다."

나는 "아! 어떻게 그 길을 만들 수 있나요?"

땀은 "종교인이 도달해야할 가장 높은 상태는 사랑입니다. 사랑의 삶에 도달하기 위해서는 먼저 자아를 부정해야 합니다."

나는 "생명나무에는 무엇이 있나요?"

땀은 "처음 에덴동산에 있던 나무는 한가지 종류의 열매만을 생산한 듯 보이지만 두 번째 에덴에 있는 나무는 달마다 열두 가지 열매를 맺는다고 하였습니다."

나는 "열두 가지 열매를 맺는 것은 무슨 의미인가요?"

땀은 "믿음의 상태에 따라 선을 생산하는 것을 의미합니다. 마음의 연속성입니다."

나는 "그 길을 가려면 어떻게 갈 수 있나요?"

땀은 "타락한 아담의 후손이 사랑의 높은 품위에 도달하려면 시험과 투쟁해야 합니다."

나는 "시험과 투쟁! 얼마나 수고를 해야 하나요?"

땀은 "육일간은 땀 흘리는 기간입니다. 지상에서의 삶은 천국을 준비하기 때문에 노동이라 하고 천국은 쉼이라 불립니다. 주님께서는 사람의 수고를 통해서 거듭남으로 인도하십니다. 그러므로 인생은 노동이라고 할 수 있습니다. 지상의 영혼과 천국에 있는 영혼의 차이는 땀흘림과 쉼이라고 할 수 있습니다."

사람이 삶을 통해서 선을 생산하고자 하면 반드시 진리가 있어야 하는데, 거듭나지 않은 자연성의 의지와 이해는 진리를 거부한다. 선이 현존하면 곧바로 악이 흥분하여 선을 파괴하기 위한 싸움을 벌린다. 이것이 바로 '시험'이라 부르는 전투이다. 이 전투는 죽는 날까지 계속되는데 한 쪽이 정복당할 때까지 진행된다.

☞적용 : 고통중에라도 진리를 얻고자 수고하는가?

피를 만나다

– 영적 진리 –

피는 몸 안을 도는 붉은 빛의 액체이다. 인간의 몸을 유지하기 위해서 피처럼 소중한 것은 없다. 피는 온몸에 산소, 단백질, 비타민 등 생존에 필요한 물질을 온 몸에 전달하고 혈액에 세균이나 바이러스 같은 침입자가 들어오면 혈액 세포인 백혈구가 이들을 막는다. 또한 피는 우리 몸의 열이 한쪽에 치우치지 않도록 몸속을 돌며 열을 골고루 분배한다. 피는 환경에 따라 몸의 체온을 조절하는데, 주위 온도가 높아지면 피부 가까이로 흘러 공기 중에 열을 발산하고 낮아지면 몸 안 쪽에 모여 체온을 보존한다.

나는 피에게 "피의 의미를 말씀해 주시기를 바랍니다."

피는 "주님께서 너희가 인자의 살과 피를 먹고 마시지 않으면 너희 안에 생명을 간직하지 못한다고 하셨습니다. 주님의 몸에 있는

245

살과 피는 선과 진리를 의미합니다." (요6:53).

나는 "선과 진리가 없으면 생명이 없는 건가요?"

피는 "선과 진리는 곧 인간의 생명입니다. 이것을 받지 않고서는 생명을 가질 수 없습니다. 그래서 인자의 살과 피를 먹지 않고서는 영적 생명을 가지지 못한다고 하신 것입니다."

나는 "인자의 살과 피를 먹는다는 의미는 무엇입니까?"

피는 "인자라는 명칭은 진리의 주님을 의미합니다. 먹고 마심은 영적 요소를 받아들이고 소화하고 연합시키는 것을 의미합니다. 사람이 음식을 먹어 소화되어서 몸의 일부가 되듯이 영적 요소들도 영적 몸의 일부가 됩니다."

나는 "성만찬은 무슨 의미인가요?"

피는 "성만찬은 선과 진리의 신성한 원리를 표현한 것입니다. 주님께서 내 살과 피를 먹으면 영원한 생명을 누릴 것이며 마지막 날에 그를 살릴 것이라고 하셨습니다. 살을 먹고 피를 마시는 자들이 영원한 생명을 가지는 이유에 대해서 주님은 내 살은 참된 양식이며 내 피는 참된 음료라고 하셨기 때문입니다."

나는 "주님께서 우리를 사랑하셔서 피로써 우리를 죄에서 해방시켜 주셨다고 했습니다."(계1:5).

피는 "주님은 우리를 위해 자기 생명을 내놓으셨습니다. 바울은 하나님께서는 죄 많은 인간을 위해서 죽으시므로 우리에게 당신의 사랑을 확실히 보여 주셨다고 했고(롬5:8), 피로 죄를 씻기 위하여 죽으셨다고 했습니다."(엡1:7).

나는 "주님의 희생은 배워서 알고 있습니다. 그 피를 인하여 의롭다 하심을 얻었다, 그분의 피를 통해 정결해진다, 그리스도의 피는 죽은 행실로부터 양심을 깨끗하게 한다(히9:14), 십자가에서 흘리신 예수의 피를 통해 화해와 평화를 이룬다(골1:20) 등등입니다."

피는 "피에는 그 이상의 의미가 있습니다. 그분은 피를 수단으로 어둠의 권세를 누르시고 영화롭게 되셨는데, 높은 차원에서 보면 진리를 통해서 구원의 능력이 이루어진 것을 의미합니다."

나는 "그렇다면 피는 진리를 의미하나요?"

피는 "네, 피는 진리를 의미합니다. 진리가 아니고서는 죄를 씻어 낼 수 없습니다."

나는 "그러면 죄에서 해방되는 것을 무엇이라고 하나요?"

피는 "죄에서 해방되는 것을 구속이라고 말합니다. 구속은 우리가 어둠의 권세로부터 해방되는 것입니다."

나는 "하나님의 말씀에 대한 믿음을 지켜온 신실한 자들이 예배하는 제단 아래에서 그들을 죽였던 이들을 주님께 탄원하였습니다. 거룩하고 참되신 주여! 우리가 얼마나 더 오래 기다려야 땅위에 사는 자들을 심판하시고 또 우리가 흘린 피의 원수를 갚아 주시겠습니까? 하고 말입니다."(계6:10).

피는 "그들의 외침은 얼마나 오래 동안 기다려야 하는가 하는 절규의 외침 소리입니다. 그만큼 시험이 극도에 달했음을 의미합니다. 그러나 이런 극적인 상태는 오히려 주님께서 일하시는 기회입니다."

나는 "신실한 자들이 피의 보복을 위해 기도한 건가요?"

피는 "아닙니다. 그것은 보복을 위해서가 아니라 구원의 바램을 표현한 것입니다. 주의 종들이 피를 흘린 것은 그들이 진리를 사랑하기 때문에 받은 박해입니다. 그런데 신실한 자들이 그렇게 복수할 수는 없지 않겠습니까?"

나는 "그들은 무엇을 바라고 그렇게 외치나요?"

피는 "시험으로부터 구원입니다. 그들은 외침으로 흰 두루마기

248

한 벌씩을 받았습니다. 흰 두루마기는 순수하고 거룩한 진리를 의미합니다."

나는 "큰 환난에서 나오는 자들이 어린 양의 피에 그 옷을 씻어 희게 하였다고 했습니다. 피로 씻는다는 의미는?"(계7:14).

피는 "어린양의 피는 주님의 순진무구한 진리를 말합니다. 주님의 피로 옷을 씻음은 진리의 능력을 의미합니다. 세속 문화와 잘못된 종교 교리로 인해서 더러워진 자국을 어린 양의 피로 씻어내야만 합니다. 또한 잘못된 교리를 버리기 위해서는 반드시 환난을 통과해야만 합니다."

나는 "두루마기를 **빠는** 것은?"

피는 "어린 양의 피로 두루마기를 희게 하는 것은 순수한 진리를 받아들이고 실천함으로 세상의 때와 육신의 불순물을 깨끗하게 벗겨내는 것입니다. 주님의 피는 십자가의 고통과 죽음을 의미합니다. 그분의 피로써 우리는 고통과 죽음에서 구원받습니다. 결국 주님의 십자가는 우리의 십자가에서 열매맺는 것입니다."

나는 "첫째 천사가 나팔을 부니 피 섞인 우박과 불이 나와서 땅에 쏟아졌고 둘째 천사가 나팔을 부니 바다의 삼분의 일이 피가 되었다고 했습니다." (계8:7-8).

피는 "나팔을 부는 것은 주님의 권능이 마음을 관찰하는 것을 의미합니다. 불과 우박이 피와 뒤섞여 땅에 떨어진 것은 진리가 악과 거짓으로 인해 왜곡되어 사람의 마음속에 깊이 박히는 것을 의미합니다."

나는 "둘째 천사가 나팔을 불었습니다. 그러자 불붙는 큰 산과 같은 것이 바다에 던져져서 바닷물의 삼분의 일이 피가 되었다고 했습니다."

피는 "불로 타는 큰 산같은 것이 바다에 던져졌다는 말은 지옥의 출현입니다. 바다는 자연적 상태의 지식을 말합니다. 바다의 삼분의 일이 피가 되었다는 말은 자연적이고 일반적인 진리마져 왜곡되었음을 의미합니다. 그렇게 되면 기초적인 생활을 규정하는 윤리와 도덕같은 것이 다 무너져 버리게 됩니다."

나는 "어쩌면 좋은가요?"

피는 "에스겔서에는 성소로부터 흐른 물이 바다로 흘러들어 바다가 치료되었습니다. 생명이 자연적 지식에 분배될 때 고기들이 살아납니다. 한마디로 생명이 없으면 거듭나지 않은 자연적 지식은 죽은 것이라고 할 수 있습니다."

나는 "죽기까지 자기의 목숨을 사랑하지 않고 어린 양의 피와 증언으로 악마를 이겨낸 이들이 있습니다."(계12:11).

피는 "어린 양의 피는 거룩한 진리입니다. 주님께서 죽음의 권세를 가진 악마를 이겨낸 것은 십자가의 죽음을 통해서였습니다. 죽음은 자연적 측면만이 아니라 영적 죽음을 뜻합니다. 주님께서는 우리를 자연적 죽음으로부터 해방시키려 오신 것이 아닙니다. 그분은 우리를 영적 죽음에서 해방하시려고 오셨습니다. 주님께서는 생명을 얻기 위해 생명을 내려 놓으셨습니다. 내려놓은 생명과 다시 얻은 생명은 똑같은 생명이 아닙니다. 그분께서는 인성을 지닌 인간 마리아 쪽의 상속된 생명을 내려 놓으셨고, 하늘의 신성한 생명을 얻으셨습니다."

나는 "죽기까지 자기 목숨을 사랑하지 않은 것은?"

피는 "자아를 정복하지 않고는 영적 승리는 없습니다. 죽기까지 자신의 목숨을 사랑하지 않았다는 것은 주님처럼 자신의 목숨을 내려놓은 것입니다."

☞적용 : 새생명을 얻기위해 옛생명을 내려놓을 수 있는가?

힘줄을 만나다

– 진리의 순환 –

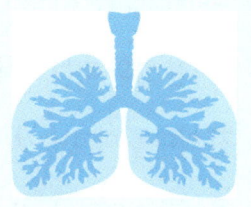

힘줄은 혈관이나 혈맥 등을 통틀어 이르는 말로 감각기관을 통해 들어온 자극을 운동기관으로 전하는데 흔히 신경이라고 부른다. 몸의 중심이 되는 신경은 중추신경이라고 부르고 온몸에 퍼져 있는 것을 말초신경이라고 한다. 몸이 어디를 꼬집더라도 아픔을 느낄 수 있는 것은 신경이 전신에 분포해 있기 때문이다. 심장이 뛰고 창자가 움직이고 오줌보가 수축하는 것은 내장에도 신경이 있기에 가능하다. 신경의 발원지는 중추 신경인 뇌와 등골이다. 나는 힘줄에게 "힘줄에 대해 말씀해 주시기를 바랍니다."

힘줄은 "우리는 온 몸에 뇌의 명령을 전달하기 위해 온몸에 뻗쳐 있는 신경계입니다. 이는 영적으로 진리가 온 마음에 뻗쳐 가는 것을 의미합니다. 다시 말해서 힘줄은 영적인 마음을 자연적 마음에 전달하는 수단입니다. 육체속에 힘줄이 없으면 온몸이 마비되어 죽은 상태가 됩니다. 마찬가지로 마음속에 진리가 온 마음을 순환하지 않으면 영적 생명은 죽은 상태가 됩니다."

나는 "야곱이 얍복강가에서 어떤 사람과 씨름하였는데, 그 사람이 야곱의 허벅지 관절에 있는 힘줄을 쳤습니다."(창32:32).

힘줄은 "살 속에 있는 힘줄은 진리를 의미합니다. 힘줄이나 신경은 지적인 부분을 표현하는데 비해 살은 마음의 애정을 의미합니다. 둘은 영적 삶에 필수입니다."

나는 "이스라엘 백성들이 허벅지의 우묵한 곳, 어긋난 곳의 신경을 먹지 않는다고 했습니다. 무슨 의미이지요?"

힘줄은 "야곱의 후손들이 거짓이 너무나 많아서 진리를 제대로 받아들이지 않음을 예시한 것입니다. 야곱의 허벅지의 우묵한 곳을 건드려 신경이 어긋났다는 말은 거짓을 의미합니다. 진리가 선의 열매맺는 힘을 가지지 못했다는 뜻입니다. 역사적으로 야곱의 후손이 그런 상태가 될 것을 예시한 것입니다."(창32:25).

☞적용 : 진리의 삶을 살고 있는가?

음성을 만나다

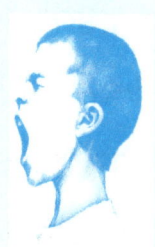

음성은 발음 기관에서 나오는 물리적인 소리이다. 나는 음성에게 "당신은 무엇을 의미합니까?"

음성은 "주님께서 말씀하시면 인간은 그것을 듣습니다. 다시 말해 음성은 마음판에 새겨지고 새겨진 교훈을 이해하는 것입니다. 바로는 모세에게 내가 음성을 들어야 하는 여호와는 누구냐고 말했습니다. 음성을 듣는 것은 순종하는 것을 의미하기 때문입니다." (출5:2).

나는 "요한은 환상중에 나팔소리같은 큰 음성을 들었습니다. 나팔소리같은 큰 음성은 무엇인가요?" (계1:10).

음성은 "요한은 천국에서 울려나는 나팔소리같은 큰 음성을 들었는데 이는 천사들의 환희하는 목소리입니다. 천국에서 계시

254

된 진리를 명백하게 지각한 것입니다."(계12:10).

나는 "천국으로부터 큰 음성을 듣는 것은?"

음성은 "주님의 진리가 천국에서 나온다는 것을 의미합니다. 우리가 성경말씀을 통해서 주님의 교훈을 듣지만 그것을 천국의 음성이라고 여기는 이유는 개인이나 교회에게 주님의 섭리가 이루어지기 때문입니다."

나는 "아담과 하와가 동산에 거니시는 여호와 하나님의 소리를 듣고 동산 나무 사이에 숨었다고 했습니다."(창3:8).

음성은 "여호와 하나님의 소리는 내적 음성입니다. 내적 음성은 지각을 통해서 듣는데, 여호와 하나님의 소리를 듣고 숨었다는 말은 자신 안에 악이 있어서 그 음성을 두려워했음을 의미합니다."

나는 "주님께서 가인에게 네 아우의 핏소리가 땅에서부터 내게 호소한다고 말씀하셨습니다. 핏소리는 무엇인가요?"(창4:10).

음성은 "피의 목소리는 양심의 소리입니다."

나는 "양심의 소리는 양심의 가책을 의미하나요?"

음성은 "사람이 아무리 변명하더라도 속에서는 양심의 가책이 어느새 올라옵니다. 누구든지 양심의 소리를 듣지 않으면 시간이 지날수록 더 큰 죄악의 구덩이로 떨어집니다. 양심의 소리를 거부한 결과 양심이 굳어져버려 뻔뻔함에 이릅니다. 양심은 언제나 선을 목표로 하기 때문에 포장으로 덮을 수는 없습니다."

나는 "우는 소리와 부르짖는 소리가 그 가운데 다시는 들리지 아니할 것이라고 했습니다." (사65:19).

음성은 "우는 목소리가 들리지 않는 것은 악이 없기 때문이고, 부르짖는 소리가 들리지 않는 것은 거짓이 없기 때문입니다."

나는 "성경에 하갈이 광야에서 자기 아이 이스마엘을 마주 앉아 바라보면서 소리내어 울부짖었습니다." (창21:16).

음성은 "하갈이 아이와 마주 하고 앉은 것은 생각의 상태이고 소리높여 울었다는 뜻은 슬픔을 의미합니다."

나는 "하나님이 아이의 소리를 들으셨나요?" (창21:17).

음성은 "네, 천사가 말하기를 두려워 마라! 하나님께서 저 아이의 소리를 들으셨다고 전해 주었습니다. 그 말은 도움이 올 것이라는 희망을 의미합니다. 하나님께서 아이의 소리를 들으신 것은 주님의 도우심을 의미합니다. 또 천사가 하갈을 부른 것은 주님의 위로를 의미합니다."

나는 "인자는 큰 나팔소리와 함께 천사들을 보내리니 그들이 그의 택하신 자들을 하늘 이끝에서 저끝까지 사방에서 모으리라고 했습니다. 나팔소리는?" (마24:31).

음성은 "천사들은 주님의 대리인입니다. 주님께서 큰 나팔소리를 지닌 천사를 보낸 것은 주님께서 진리로 오시는 것을 의미합니다. 영적인 의미에서 나팔소리는 진리의 소리입니다."

나는 "그러면 하늘 이끝에서 저끝에 이르기까지 택하신 자를 모은 다고 했는데요. 하나님의 자녀들이 모이나요?"

음성은 "천국의 요소를 지닌 모든 자를 부른다는 말입니다. 사랑과 진리의 수준이 어떠하든 간에 천국의 요소를 가진 자들을 초대한다는 의미입니다."

나는 "어느 수준에 있든지 천국의 요소만 있으면 초대되나요?"

음성은 "각자가 사랑과 진리의 수준이 어떠하든 관계없이 천국을 지닌 사람들은 초대됩니다. 주님의 교회안으로 영접됩니다."

나는 "음성을 듣는 것은 무엇을 의미하나요?"

음성은 "주님의 교훈에 순종하는 것을 말합니다(시29:7). 너희는 삼가 그의 목소리를 청종하라고 했습니다." (출23:21)

257

나는 "신부를 취하는 자는 신랑이나 서서 신랑의 음성을 듣는 친구가 크게 기뻐하나니 나는 이러한 기쁨으로 충만하였다고 했습니다. 신랑은 누구인가요?" (요3:29).

음성은 "주님은 교회의 신랑되시는 분이십니다. 그분은 구약에서는 여호와라고 불렀습니다. 교회는 주님외에 그 누구도 신랑으로 인정할 수 없습니다."

나는 "신랑의 친구는?"

음성은 "예언자 중에 가장 위대한 자는 세례 요한입니다. 그는 신랑의 음성을 듣고 크게 기뻐했습니다."

나는 "기뻐한다는 것은?"

음성은 "크게 기뻐함은 그분의 진리를 받아들이는 애정의 표시입니다. 음성을 듣고 기쁨으로 진리를 받아들인 것입니다."

나는 "요한이 왜 그렇게 기뻐했나요?"

음성은 "주님께서 교회의 신랑이 되시기 때문입니다. 주님의 목적은 교회와 하나되는 것입니다. 교회는 이로인해 영적 기쁨이 주어집니다."

나는 "어떻게 하면 우리가 그런 기쁨을 가질 수 있나요?"

음성은 "그분께 대한 애정이 가득하여 진리가 마음속에 들어오면 기쁨이 넘치게 됩니다. 그런 이들을 본 적이 있나요?"

나는 "그가 친히 보고 들은 것을 증언하되 그의 증언을 받는 자가 없다. 그의 증언을 받는 자는 하나님이 참되시다는 것을 확증한다는 말씀은 무슨 의미인가요?" (요3:32).

음성은 "사실 아무도 하나님을 보거나 그분의 소리를 들은 자는 없습니다. 오직 아들(the Son)만이 보고 들을 수 있습니다. 주님은 지혜와 사랑이십니다. 주님이 아버지를 보고 듣는다는 것은 그분의 인성안에 무한한 사랑과 지혜를 받는다는 것입니다."

나는 "하나님이 참되시다는 것을 확증한다는 말은?"

음성은 "그분의 증언을 받는 자들은 하나님이 참되심을 확증합니다. 주님의 음성을 받는 것은 진리를 받는 것입니다(출19:5). 예수의 증언을 받는 사람은 자신 안에 증거를 가진다고 했습니다(요1서 5:10). 진리에는 증거가 있고 확신을 주는 능력이 있기 때문에 예수는 진실하시고 참되신 증언이라고 말하는 것입니다." (계3:14).

나는 "확증한다는 말은 무슨 말인가요?"

음성은 "확증한다는 말은 영적 진리를 탐구한다는 뜻입니다."

나는 "음성이 나쁜 의미로 쓰인 경우는?"

음성은 "바다처럼 포효하는 소리라는 말이 있는데 이는 추론을 의미합니다." (렘6:23).

나는 "공중에 날아가는 독수리가 큰 소리로 땅에 거하는 자들에게 슬프다고 외쳤습니다. 무슨 의미인가요?" (계8:13).

음성은 "깊은 탄식을 의미합니다. 교회와 개인의 삶의 상태를 조사해보니 그들의 악이 너무나 명명백백하기 때문에 슬프다! 를 세번 외친 것입니다."

나는 "모세는 호렘 산에서 십계명이 적힌 증거판을 손에 들고 내려오면서 백성들의 떠드는 소리를 듣고 탄식했습니다."

음성은 "그 소리를 듣고 여호수아는 모세에게 아마도 전쟁이 났는가 보다고 말했습니다. 그러자 모세는 저것은 노랫소리라고 했는데, 이는 영적인 면에서 백성들의 심정에서 터져나오는 탄식인 것입니다. 왜냐하면 우상 앞에서 춤추며 떠드는 소리는 탄식에 불과합니다. 마음의 품질로 인해 탄식하는 한숨이며 내면에서 터져 나오는 탐욕의 상태입니다." (출32:18).

나는 "양들은 타인의 음성은 알지 못하는 고로 타인을 따르지 아니하고 도리어 도망한다고 했습니다. 타인의 음성은?" (요10:5).

음성은 "타인의 음성은 거짓을 의미합니다. 목자는 선한 진리를 가지고 양에게 호소하지만, 타인은 악에 바탕을 둔 거짓으로 이기적 욕망을 부추기면서 설득합니다. 그러나 양은 거짓된 자의 음성을 들으면 그 음성을 알지 못하기 때문에 피합니다."

나는 "주님께서 내 말에 놀라지 말라. 죽은 이들이 모두 음성을 듣고 무덤에서 나올 때가 올 것이다. 그 때가 오면 선한 일을 한 사람들은 부활하여 생명의 나라에 들어가고 악한 일을 한 사람들은 부활하여 정죄를 받게 될 것이라고 하셨습니다." (요5:28-29).

음성은 "주님이 부활하신 후 수행하시는 심판에 관한 말씀입니다. 주님은 사람에게 생명을 주는 일과 심판하는 일을 하십니다. 즉, 거듭난 자는 살리시고 쾌락에 빠진 자는 정죄하십니다. 그러므로 삶과 죽음이 거듭남에 있습니다. 거듭나지 않고 세속에 물들어 욕심에 붙잡히면 결국 죽음만이 기다리고 있음을 알아야 합니다. 어리석은 자여! 오늘 밤에 네 영혼을 부르시면 그 모든 것이 누구 차지가 되겠느냐는 경고를 귀담아 들어야만 합니다." (눅12:20).

☞적용 : 주님의 음성을 듣고 기뻐하는가 혹은 숨어버리는가?

죽음을 만나다

- 영혼의 분리 -

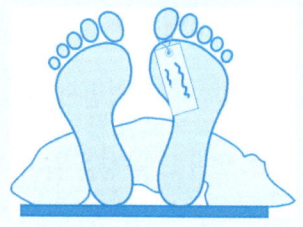

죽음은 목숨이 끊어진 상태이다. 나는 마침 길에 서있는 흰옷입은 나그네에게 "죽음에 대해 말씀해주시기를 부탁합니다. 죽음은 무엇을 의미합니까?"

그는 "죽음은 육체적 죽음과 영적 죽음이 있습니다. 육체적 죽음은 몸에서 영혼이 분리되는 것이지만 영적 죽음은 마음속에 진리가 무너진 상태를 말합니다."

나는 "죽음이후의 삶은 어떤 상태인가요?"

그는 "이 세상에 사는 동안 사람들은 내적으로 볼 때 천국과 지옥 중간에 머물러 있습니다. 사람이 육체적으로 죽음을 맞이하게 되면 영의 세계로 들어갑니다. 그리고 그들은 자신들의 삶에 따라 천국 혹은 지옥으로 가게 됩니다."

나는 "사람들은 누구나 천국에 가고 싶어 합니다. 천국은 어떤 나라인가요?"

그는 "천국은 물질적 세계가 아닙니다. 사람의 몸이 수많은 기관으로 배열되어 있듯이 천국은 사랑의 차이에 따라 수많은 사회로 구성되어 있습니다."

나는 "어떤 사랑에 따라 구분되나요?"

그는 "사랑은 주님께서 말씀하신 율법과 선지자의 대강령입니다. 하나님을 사랑하고 네 이웃을 사랑하라. 이것이 선지자와 율법의 대강령이라고 했습니다."

나는 "무엇을 사랑했느냐에 따라 나뉘나요?"

그는 "사람은 세상 살아가는 동안에 사랑이 그 자신을 인도합니다. 이것을 주도애라고 합니다. 이웃을 사랑하는 사람은 자신보다는 이웃에게 선용하면서 살아갑니다. 그러나 자기만을 사랑하면 이기적인 욕심에 이끌리어 그 나라에 가서도 당연하게 욕심대로 살고자 할 것입니다. 모든 사람은 주도애의 방향에 따라 살기 때문입니다. 자아애를 가진 사람은 진리의 빛을 싫어합니다. 그들은 하늘나라에 인색하게 살던 사람들이며 고집으로 뭉쳐서 살던 자들입니다."

나는 "아! 사랑이 그 나라에 머물 곳을 결정하는군요."

그는 "그 이유는 사랑이 곧 생명이기 때문입니다. 누구든지 저 세상에 도착하면 사랑에 이끌리어 방향을 정하게 됩니다. 일단 자기 사랑에 이끌리어 방향을 정하면 그는 영적 맹인이 되어 다른 길은 보이지 않습니다."

나는 "그 말을 듣고 보니 심장이 뜁니다. 그러면 사람이 육체적으로 죽은 후에 어떻게 깨어서 영원한 삶에 들어가나요?"

그는 "설명해 드리겠습니다. 일단 사람의 몸이 죽게 되면 몸은 심장 박동과 폐의 호흡이 멈추게 되어 더 이상 기능을 발휘하지 못합니다. 우리가 알아야 할 사실은 그는 몸으로부터 영이 분리되어 저세상에서 영으로 살아갑니다."

나는 "몸에서 영이 떠나면 몸은 시체가 되는 것이지요?"

그는 "영이 떠나는 순간 그동안 영을 섬겨왔던 몸은 차가워지고 부패하기 시작합니다. 그렇지만 그때부터 영은 주님의 의해 깨어납니다. 신비스러운 일이지요."

나는 "그러면 부활하는 것이네요."

그는 "네, 그래서 죽음이라는 단어는 내적으로는 부활을 의미합니다. 저세상에서 새로운 삶을 살게 되는 것이니까요."

나는 "언젠가 죽는다는 것을 잊지 말고 살아야 하겠습니다."

그는 "성경에는 주님은 충성된 증인으로 죽은 자들 가운데에서 먼저 나시고 땅의 임금들의 머리가 되셨다고 하셨습니다. 충성된 증인이라는 말은 주님의 인성이 진리가 되심을 말하고, 죽은 자 가운데서 먼저 살아나셨다는 말은 주님의 인성이 선한 열매를 맺음을 의미하고, 땅의 임금들의 머리가 되신 것은 주님께서 교회의 머리가 되셨음을 의미합니다." (계1:5).

나는 "왜 주님께서 인간의 인성을 입으시고 죽으셔야 했나요?"

그는 "첫째는 우리를 향한 사랑이 크고 둘째는 우리를 죄에서 건져내시기 위해서입니다. 이런 진리는 가장 위대하고 복된 진리입니다. 성경 전체에서 가장 크게 선포되는 주제입니다."

나는 "주님의 사랑이 그렇게 큰가요?"

그는 "벗을 위하여 제 목숨을 내놓는 것보다 더 큰 사랑은 없다고 했습니다. 그분은 인류를 위해 자기 생명을 내놓으시기까지 사랑하셨습니다." (요15:13).

265

나는 "그분의 삶과 죽음은 무엇을 가르쳐 주시나요?"

그는 "그분은 우리가 어떻게 살아야 하고 또 어떻게 죽어야 하는가 하는 것을 보여주셨습니다. 또 우리가 어떻게 정의롭게 살아야 하며 죄에 대해서는 어떤 태도를 취할 것인지를 보여 주셨습니다. 그분이 세상에 오셔서 고난과 부활에 이른 것은 우리에게 모형이 됩니다. 주님은 우리로 하여금 주님께서 행하신 것처럼 행하기를 원하시고, 또 우리에게 필요한 힘을 공급해 주십니다. 그러므로 우리는 언제나 주님께서 걸어가신 그 길을 걸어야 하고 그분의 삶을 본받아야만 합니다."

나는 "아! 놀랍고 신비롭습니다. 우리가 그분께서 사셨던 발자취를 따른다는 말이군요. 그분이 어떻게 힘을 주시나요?"

그는 "주님의 삶과 죽음의 모든 효력은 지금도 인류에게 영원한 힘으로 존재합니다. 그분은 인간의 인성으로 진리와 선의 열매를 거두셔서 왕과 제사장이 되셨습니다. 그래서 요한은 말하기를 우리를 나라와 제사장으로 삼으신 그에게 영광과 능력이 세세토록 있기를 원하노라 아멘! 이라고 했습니다. 이는 요한의 소원이기도 합니다."

나는 "나라와 제사장이 된다는 것은 무슨 뜻인가요?"

그는 "나라와 제사장이 된다는 말은 주님의 진리와 선의 열매를 받는 그릇이 된다는 의미입니다. 나라와 제사장은 주님께서 열어 놓으신 진리의 길을 한발자국씩 걸어가는 자들입니다."

나는 "어떻게 그렇게 될 수 있을까요?"

그는 "거듭남을 통해서 가능합니다. 주님은 인간의 몸을 입으시고 십자가에서 죽으심을 통해서 영화롭게 되셨습니다. 주님께서 육을 입으신 목적이 성취되었기 때문에, 주님은 말씀안에서 우리와 함께 하십니다. 그러므로 우리는 말씀에서 진리를 얻어야 합니다."

나는 "그러면 이제 우리가 할 일은 말씀을 받아들이는 일이군요. 밧모섬에 있는 사도 요한에게 주님께서 오른손을 얹으시고, 두려워 말아라. 나는 처음과 마지막이고 살아있는 존재이다. 나는 죽었었지만 이렇게 살아있고 영원무궁토록 살 것이다. 그리고 죽음과 지옥의 열쇠를 내 손에 쥐고 있다고 말씀하셨습니다."(계1:17-18).

그는 "주님은 생명을 주시는 분이십니다. 주님의 오른손은 권능을 의미합니다. 죽은 자같이 된 요한에게 주님께서 오른손을 얹으신 것은 생명의 능력으로 살리신 것입니다."

267

나는 "주님께서 두려워 하지 말라고 하신 말씀의 의미는?"

그는 "손을 얹으심에는 위로가 동반됩니다. 사실 죄의 상태에서 거룩하신 분을 보게 되면 심히 두려울 수밖에 없습니다. 그러나 주님의 위로의 음성으로 우리의 마음에 두려움은 사라지고 평안을 얻습니다."

나는 "처음과 마지막이고 살아있는 존재라는 의미는?"

그는 "처음과 마지막은 거듭남의 시작과 끝이 주님이라는 의미입니다. 그렇게 말씀하시는 이유는 그분은 십자가에 달려 죽으셨지만 다시 일어나셔서 영원히 사시는 분이기 때문입니다."

나는 "그러면 죽음과 지옥의 열쇠는 무슨 뜻인가요?"

그는 "인간을 구속하셨다는 의미입니다. 주님은 지옥과 영적 죽음을 다스리십니다. 주님은 권능으로 우리 안에 있는 지옥의 문을 닫아 거셨습니다. 지옥문이라고 말하는 이유는 타락한 사람의 마음은 지옥의 형상이기 때문입니다."

나는 "주님께서 죽기까지 충성하라. 그러면 생명의 면류관을 주겠다고 하셨습니다. 그 의미는?"

그는 "신실하게 시험을 받아들이는 사람은 죽기까지 충성을 다

하는 사람입니다. 그런 자세를 견지해야 할 것을 말씀합니다."

나는 "언제까지 충성을 하라는 건가요?"

그는 "시험이 끝날 때까지 주님께 대한 신뢰를 포기하지 말라는 의미입니다."

나는 "그러면 어떻게 해야 하나요?"

그는 "옛 사람을 구성하는 탐욕이 죽어야 합니다. 죽음에는 두 가지 측면이 있습니다. 하나는 모든 욕심을 내려놓는 것입니다. 다른 하나는 실제로 죽는 것을 감수하는 것입니다. 주님께서는 이에 대한 보상으로 생명을 약속하시고, 생명의 면류관을 씌워주겠다고 약속하셨습니다."(계2:10).

나는 "시편 기자는 제 눈을 밝게 해주셔서 저로 죽음의 잠에 빠지지 않게 하소서라고 기도했습니다."

그는 "눈을 밝게함은 영적지식의 계발입니다. 눈이 밝아지면 자신의 비참한 현실을 볼 수 있습니다. 영적으로 깨어 있으면 자신의 내면을 인식하게 됩니다. 그러면 영원하신 분과 소통이 되어 마음에 힘을 얻게 됩니다."

☞적용 : 당신에게 죽음은 무엇을 의미하는가?

제3부 정리편

　사람의 인체 기행은 신비로운 세계의 모험이다. 내가 마음속 인체의 여행에서 깨달은 것은 몸속에 천국의 기운이 들어와야만 몸이 보존되고 활성화된다는 것이다. 인체의 각 부분 즉, 머리, 가슴, 배, 생식기 등은 스스로 존재하는 것이 아니라 하늘의 기운이 비처럼 부어져서 하늘의 힘에 의해서 작동된다.

　그러므로 사람을 움직이는 주체는 보이지않는 영적 힘이다. 그 힘에 의해 수천, 수만개의 얼굴 근육이 움직여서 다양한 표정을 지으며 생각을 하고 감정을 표현하며 행동을 한다. 그 힘의 근원지는 오로지 천국이다. 영적 힘은 영적 근원지에서 발원하여 사람안에 흘러 들어와서 행동으로 귀결된다. 그러므로 사람은 하늘과 연결고리가 없이는 한 시도 살 수가 없다.

　천국에서 흘러오는 힘은 내적으로는 즐거움을 주고 외적으로 행동, 표정, 언어, 감각, 기쁨이 완성된다. 그러나 천국의 힘은 사람마다 다르게 나타난다. 그이유는 개별적으로 각사람의 의지가 다르기 때문이다.

사람의 일생은 출생과 함께 시작하고 죽음으로 마무리 짓는다. 그리고 사람은 죽음 저편의 나라로 건너간다. 그 나라에서 사람은 어떤 형체를 유지할까? 사도 바울은 "하늘에 속한 형체도 있고 땅에 속한 형체도 있으나 하늘에 속한 것의 영광이 따로 있고 땅에 속한 것의 영광이 따로 있다"(고전15:40)고 말했으며, "우리가 흙에 속한 자의 형상을 입은 것 같이 또한 하늘에 속한 이의 형상을 입으리라" 고 하였다 (고전15:49).

이 말의 의미는 하늘나라에서는 그나라에 맞는 형상을 갖게 되는데 그것은 우리가 현재 유지하고 있는 생물학적인 형체가 아니라 하늘에 속한 신령한 형체를 갖게 된다는 의미이다. 다음의 성경구절은 이를 뒷받침해서 말하고 있다.

"만일 땅에 있는 우리의 장막집이 무너지면 하나님께서 지으신 집 곧 손으로 지은 것이 아니요 하늘에 있는 영원한 집이 우리에게 있는 줄 안다."(고후5:1).

나는 서문에서 인체는 천국의 축소판이라고 말했는데, 천국의 축소판이라고 말한 근거는 주님은 너희안에 하나님의 나라가 있다고 하셨으며, 바울은 인체를 두고 그리스도의 몸이고 하나님의 성전이라고 말했기 때문이다.

그러므로 인체의 영적 의미를 아는 것은 곧 천국을 아는 지름길이라고 볼 수 있다. 천국을 인체의 형상과 연결하는 이유는 주님께서 사람을 창조하셨으며 사람의 인체를 입으셨기 때문이다.

사람이 그분의 형상과 모양으로 지음을 받은 것처럼 천국도 역시 사람이 감히 상상할 수 없는 거대한 하늘에 속한 이의 형상이다.

그러면 하늘에 속한 것은 무엇인가? 그것은 곧 '선'이라고 말할 수 있다. 왜냐하면 주님이 선하신 분이기 때문이다. 고로 천국은 선의 나라이다. 사람은 선의 수용그릇이며, 선을 얻기 위해서는 진리가 있어야만 한다. 주님께서 내가 곧 길이요 진리이니 나로 말미암아 아버지께로 간다는 말씀은 곧 진리로만 선을 이룰 수 있기 때문이다. 진리외에 다른 것으로는 절대로 선을 이룰 수 없다.

인체의 형체에 대해 알아보자. 형체는 기능에 따라서 이루어져 있다. 기능은 형체를 존재하게 하는 이유이다. 예컨대 눈의 형체는 시각의 기능을 위해 있으며, 폐의 형체는 호흡을 위해 필요하다. 다시말해서 눈이라는 형체가 있기 전에 본질적 쓰임새가 먼저 존재하였다는 것을 보여준다.

이런 본질적 기능을 위해서는 하늘로부터 힘이 들어와야 한다. 이렇게 하늘과 땅의 조합으로 사람이 생존하는 것이다. 이것이 천국과 사람의 연결 고리이다.

인체의 기능에 대해서 성경에서 말하는 바를 알아보고자 한다. 우리가 세상 속에서 살아가려면 눈을 통해서 외부를 보게 된다. 주님께서 눈에 대해 말씀하시기를 "눈은 몸의 등불이니 그러므로 네 눈이 성하면 온 몸이 밝을 것이라고 하셨다."(마6:22).

주님께서 눈에 대해 비유로 말씀하신 것은 진리를 가르쳐 주시고자 하심이다. 즉 진리에 대한 이해력이다. 왜냐하면 천국은 진리의 이해력이 있어야 하기 때문이다. 그 이유는 천국은 진리의 나라이며 진리없이 존재하지 않기 때문이다.

또한 손에 대하여 말씀하시면서 구제할 때에는 오른손의 하는 것을 왼손이 모르게 하라고 하셨다(마6:3). 주님께서 손을 말씀하신 이유는 이웃에게 순수한 의도로 선용을 베풀라는 의미이다. 천국의 삶이 그러하기 때문이다.

어떤 이는 천국을 안락한 행복의 나라 또는 대접받는 곳으로 여기기도 하는데 이는 잘못된 천국관이다. 천국에서 놀고 쉬기만 한다면 그것이 어떻게 천국이 될 수 있을 것인가? 이런 삶은 나태하고 게으른 삶이다. 주님께서 손을 인용하신 것은 곧 선용의 특성이 천국의 삶인 것을 설명하기 위함이다. 이렇게 주님은 천국을 가르쳐 주시기위해 인체를 인용하셨다.

둘째로는 사람의 형체이다. 위로부터 내려오는 본질적 힘은 사람의 몸을 위해 존재하는데, 그 힘은 하나의 형태를 보존하기 위해 노력한다. 예컨대, 자궁 안에서 정자가 난자와 결합하여 온전한 인간의 형태를 만들기 위해 협력하고 노력한다. 사람을 보존하는 두종류의 힘이 있는데, 밖으로부터 작용하는 힘과 안으로부터 작용하는 힘이다.

예컨대 공기의 압력이 폐에 유입되어 몸 안의 압력과 균형을 이루어 힘의 중앙에서 관계성과 형태를 보존한다. 사물이 존재하고 보존되기 위해서는 천국에서 힘이 흘러들어 오고 그 힘은 형체안에서 생명을 이룬다. 천국은 각사람의 본래의 형태이다. 그리고 천국은 사람안에서 귀결된다. 부분적인 것이 전체에 속하기 위해서는 부분은 전체와 같아야 하기 때문이다.

셋째 천국은 주님이 주인이시며 선재하는 나라이다. 선재한다는 것은 어떤 상태로 먼저 존재하는 것이다. 고로 사람이 선재하는 것과 연결되지 않는다면 존재할 수 없다. 이에 대해 감리교회의 창시자 요한 웨슬레는 '선재적 은총' 이라고 했다. 사람은 아주 작은 부분이라도 선재하는 나라와 연결되지 않은 것은 없다. 사람의 아주 작은 지체부위도 천국과 연결되어 움직인다는 말이다. 컴퓨터의 본체와 모니터는 동시적으로 움직이는 것같지만 실제적으로는 본체가 작동이 되어야만 모니터에 화면이 보이는 이치이다.

그러므로 선재하는 나라에서 나지 않으면 자연은 생명이 없고 살아있다고 볼 수도 없다. 사람도 역시 마찬가지로 하나님과 이웃을 사랑하면서 살아가는 사람은 뜻이 하늘에서 이루어진 것처럼 천국과 한몸처럼 행동하고 하나를 이룬다.

끝으로 한 가지 더 부연하여 설명할 것이 있다. 이 책에 나오는 성경구절의 비유적 해석에 대해 의문을 가질 분이 있을 것 같아서 말씀드리고자 한다. 사실 '김군의 마음' 시리즈 책을 출판하는 이유도 성경의 비유적 관점의 해석을 전파하고자 하는 필요에 의해서이다. 주님은 비유가 아니면 말씀하지 않으셨다고 하셨고, 입을 열어 비유로 말하고 창세로부터 감추어져 있는 것을 드러내리라고 하셨다(시79:2).

우리가 흔히 알고 있는 비유의 종류는 우화, 은유 등이 있다. 우화는 비유가 아니다. 우화는 현실 불가능한 사건을 사람이 하는 것처럼 가공적으로 창안한 것뿐이다.

은유(allegory)도 비유와는 다르다. 은유는 어떤 하나가 다른 하나와 닮은 꼴을 찾아서 말하고자 하는 사상을 임의로 대입한 수사학적 응용에 불과하다. 성서의 은유학자로는 고대에 필로 (Philo)가 있는데, 그는 성경의 역사성까지 부인하고 해석을 붙여서 성경을 아전인수격으로 해석하여 성서의 교훈이 개인의 사상을 뒷받침하는 결과를 가져왔다. 은유는 개인 사상을 서술적으로 해석한 것에 불과하다.

그러면 성경이 말하는 비유는 무엇인가? 그것은 자연적인 것과 영적인 것이 짝을 이루는 법칙에 의한 서술이다. 마치 해, 달, 별, 불, 물이 영적인 본질과 무슨 관계가 있는가를 보는 것이다. 아브라함을 그리스도의 예표라고 말하듯이 말이다. 다윗은 역사상 성스러운 인물이 아니다. 그러나 가나안에서 이민족을 몰아내고 투쟁을 통해 구원의 진리를 나타내는 주님을 의미하기 때문에 그리스도의 예표라고 말한다. 비유는 이런 원리를 이해하는 데서 비유를 이해할 수 있다.

마치 눈에 눈물을 보고 슬픔을 이해하는 것과 같은 이치이다. 이렇게 무한한 것과 유한한 것, 영적인 것과 자연, 정신과 물질 사이의 관계를 아는 지식을 '상응'이라고 한다. 다시 말해서 내면의 깊은 속뜻을 인체의 특성과 용어를 빌어서 상징적 방법으로 사용한 것이다. 이런 상응의 법칙으로 비유를 해석한다. 이는 성경이 사용하는 수단이기도 하다. 자연은 영의 세계를 명백하게 해주는 형상이다. 영적진리를 표현하기 위해서는 자연의 상징물이 필요하다. 이를 두고 '자연계시'라고 한다. 자연뿐만 아니라 문자속에도 변하지 않는 속뜻이 들어 있다.

주님께서 진리를 왜 비유로 말씀하셨는가? 첫째는 사람마다 이해하는 수준이 다르기 때문이고 둘째는 진리를 주면 그 의미를 변질시키는 자들이 있기 때문이다. 다시말해서 진리의 깊은 의미를 그 누구도 제대로 알 수 없는 것이다. 그러기 때문에 비유는 진정 진리를 실천하고자 하는 자들이 순수한 열망으로 깨닫는 만큼 알 수 있다. 그리고 또한 비유로 하지 않으면 무지하고 악한 자들이 욕심으로 진리를 남용한다. 주님께서 진리를 비유로 말하는 이유에 대해서 보아도 보지 못하고, 들어도 듣지 못하고, 깨닫지도 못하기 때문이라고 직접 말씀하셨다(마13:13).

진리는 칼과 같다. 고로 잘 사용하면 유익한 도구가 되지만 잘못 사용하면 다치게 된다. 누구라도 성경의 지식이 많아지는데 비해서 진리를 이기심을 위한 도구로 사용한다면 그는 정죄를 받을 것이다. 따라서 인간이 진리에 순종하고자 하는 의도가 없으면서 진리를 이해하는 것은 백해무익하며 무의미하다.

만일 그분이 지상에 오신 이유를 노골적으로 말씀하셨다면 유대인의 폭동과 분노를 폭발시켜 공생애를 마무리하는데 방해를 받으실 수도 있었을 것이다.

 그러므로 주님께서는 비유로 말씀하시면서 그분의 가르침을 받고자 하는 자에게는 열리게 하시고, 받을 수 없는 자에게는 감추신다.

 주님은 진리를 따르고자 하는 이들에게는 지혜를 제공하고 거듭남과 회개로 인도하시지만, 진리를 받을 준비가 아직 안된 자는 그저 문자를 기억속에만 머물게 하신다. 진리는 경청하는 자는 들을 수 있지만 복종하지 않겠다고 귀를 틀어막은 자는 그저 소리에 불과할 뿐이다.

 결론적으로 우리는 심오한 원리를 알게 되었는데, 즉 상응의 법칙으로 인체와 천국의 두세계를 의미로써 하나로 연결한 것이다. 얼마나 위대한 일인가? 이 원리의 응용은 열려진 마음을 가진 순수한 자에게 영적 진보가 어느 수준에 와있든 관계없이 비유의 의미를 통해 사막에서 생수를 퍼올리듯이 진리를 발견하도록 해준다. 나도 이런 영적 진리에 갈증을 가지고 하나라도 더 배우기 위해 애써 노력하는 중이다.